2015 年度浙江省传播与文化产业研究中心省社科规划课题"中外媒体传播优化比较研究——聚焦中美'好声音'叙事伦理"(项目编号 15JDCB02YB)研究成果

中美"好声音"叙事伦理比较研究

胡蓓蓓 著

浙江工商大学出版社 | 杭州
ZHEJIANG GONGSHANG UNIVERSITY PRESS

图书在版编目(CIP)数据

中美"好声音"叙事伦理比较研究 / 胡蓓蓓著. —
杭州：浙江工商大学出版社，2019.12
ISBN 978-7-5178-2793-1

Ⅰ. ①中… Ⅱ. ①胡… Ⅲ. ①传播学—叙述学—伦理
学—对比研究—中国、美国 Ⅳ. ①G206②I045③B82

中国版本图书馆 CIP 数据核字(2018)第 129226 号

中美"好声音"叙事伦理比较研究
ZHONGMEI "HAOSHENGYIN" XUSHI LUNLI BIJIAO YANJIU

胡蓓蓓 著

责任编辑	吴岳婷
责任校对	郑梅珍
封面设计	林朦朦
责任印制	包建辉
出版发行	浙江工商大学出版社
	（杭州市教工路 149 号　邮政编码 310012）
	（E-mail：zjgsupress@163.com）
	（网址：http://www.zjgsupress.com）
	电话：0571-88823703，88831806（传真）
排　　版	杭州朝曦图文设计有限公司
印　　刷	虎彩印艺股份有限公司
开　　本	710mm×1000mm　1/16
印　　张	13.25
字　　数	164 千
版 印 次	2019 年 12 月第 1 版　2019 年 12 月第 1 次印刷
书　　号	ISBN 978-7-5178-2793-1
定　　价	38.00 元

目　　录

引　言

从社交网络时兴的"点名游戏"开始，到广泛流行的"冰桶挑战""侧颜挑战"和"微笑挑战"等，这类接力游戏作为一种社交链接，参与者众多，其心态也不同，接受挑战与不接受挑战都要有足够的理由，这也是媒介化社会带给我们的新体验。眼下，私人空间和公共空间的界限逐渐模糊，界限感成为困扰当代人社交的重要一环，我们到底应该如何应对泛媒介带给我们的挑战？当出现各种活动"接力"时，我们应该追随什么？我们是否应热衷被关注和展示自己？维护或拉近与他人的关系，获得确认和反馈，这是否与本能快感有关？

网络自媒体对个体的展示与电视上的真人秀展示有较大不同。网络上的"秀"更多的是为了满足社交需求并获得认可，而电视上的"秀"一定程度上目的性更强、目标更明确。电视屏幕上各式各样形式不一的真人秀节目，带着对收视率的期待，在各种真人秀制作"宝典"的护航下，已经成为当代电视中重要且独特的景观，拥有了广泛的参与和关注。真人秀节目会将我们的社会、我们的价值观带往什么方向，这是值得我们思考的。

媒介文化已经把文化传播凝聚成一个动力学的过程，将每一个人都裹挟其中。生活在媒介文化所制造的仪式和景观之中，我们必须"学会生存"①。文化与传播密不可分,媒介"秀"的意蕴随着泛媒介的普及而渐趋丰富,也随着媒介技术和传播手段的不断扩展,日渐进入日常生活领域,对日常生活产生不可忽略的影响,被媒介景观裹挟着的日常生活精彩又虚无,媒介"秀"体现了一种主我的探寻和突破。"我们生活在一个外表真实的表象文化里"②,事实上确实如此吗?

欧文·戈夫曼认为:"个体的表达(因而连同他给人造成印象的能力)看来包括两种根本不同的符号活动:他给予(gives)的表达和他流露出来(gives off)的表达。"③正是对后者的研究引出了剧场理论,表演者和角色的自我是不同的。而媒介"秀"的提出,把"秀"这一常见的有别于表演的媒介符码放大,对"秀"的传播主体的认知、对"秀"的种类和方式的理解,体现出多重意味的文化范式,导致出现了多样的伦理问题,如电视真人秀节目中出现的语言"攻击""揭短""暴力""爆料"等行为、故事设计中所谓"家丑""出轨""叛逆""犯罪"等叙事,特别是对"真实"情境和"秀"关系的理解、对"秀"场中隐私界限的理解,还有网络空间的里各种"秀",都有待深入的发现和研究,以更好地叙事并且避免出现伦理困境。

第一节　研究源起与意义

本选题的研究不仅源于在日常生活中的感触,更是对媒介现象的再认识和对媒介文化的再思考。基于对媒介生态的关注,笔者发现媒介真

---

① [加]马歇尔·麦克卢汉:《理解媒介》,何道宽译,商务印书馆2000年版,第426页。

② Roger Silverstone: *Why Study the Media*? New York: SAGE Publications Ltd, 1990.

③ [美]欧文·戈夫曼:《日常生活中的自我呈现》,冯钢译,北京大学出版社2008年版,第2页。

人秀、脱口秀节目在电视节目中占比越来越大,对整个电视行业乃至相关产业的影响尤为明显。在全新的媒介时代,电视不再高深莫测和遥不可及,新的媒介手段和传播渠道不断涌现。对大多数人来说,接近媒介、走进媒介成为日常生活的一部分。媒介正在不断满足人们展示自我的需要、满足人们的好奇心,在人们感兴趣的或是关心的领域不断开拓。

眼下人们在选秀节目中尽情地释放自我,在婚恋交友类节目中展示形象、性格与情感需求,在网络空间如微博、微信、抖音、快手等社交媒体中"秀"出自己的喜好、语言模式和生活方式等,因此,我们需要通过深入了解媒介"秀"现象来更好地理解媒介对个体和大众的意义。大众媒介中的真人秀节目,凭借不同的叙事模式(故事性、话题性、游戏性),如从名人到素人、从颜值到个性、从竞技到生活、从才艺到情感,大多收视不错,满足了受众的情感需求、社交需要,以及一定的求知欲、窥私欲和猎奇心理;还有西方媒介中相对成熟的节目形式脱口秀,作为独特的文化景观和观察社会的窗口,在我国业已逐步兴起。

从什么角度、以什么方式来解读媒介"秀"并理解这一全新的媒介现象是本书的着力点。在这一富有特定意义的场域中,电视建构了社会互动模式、提供了相应的社会知识参照体系,互联网工具则沟通了生活实践,微博、微信等社交媒体改变了传播的形态,对大众日常生活也影响深远。传统媒介与新兴媒介中喧闹的"秀"声音和闹腾的"秀"景观(大事件),引发了笔者对社会"秀"现象和"秀"心理的关注。主动还是被动,真实还是虚构,不经意被发现还是炒作等,不同的"秀"可能会有不同的原因和诉求,但媒介"秀"现象正在更大范围内以更快速度发展已毋庸置疑,由此引发的关于其叙事和伦理相关问题的讨论业已有很多学界与业界的声音。

在这么多"秀"中,电视真人秀是独特且重要的存在,它是变化的故事脚本的一部分,是一个在发展中的、能获得真实观看体验的新电视节目品种,它通常假定观众不能在通俗事实电视节目提供的幻想与真实之间加以区别。[①] 真人秀节目曾被评价为"愚蠢的""低能的"和"肤浅的",并被认为它在生活中鼓励"道德和智力上的贫困",一定程度上迎合了普通人的探索欲和猎奇心理,令人获得偷窥的快感,产生"生活在别处"的情感体验,如何解读"精心编制的真实"越来越考验着人们的智慧,其对人们心智模式的影响也值得重视。

那么,真人秀节目真是如此吗?带着这个疑问,笔者把研究聚焦于对中美"好声音"叙事伦理的比较,并提出一个研究的基本假设:真人秀节目中的伦理价值可以通过更好的更真诚的叙事来呈现。评判高水平电视节目的三条标准是多样性、可用的故事以及"真实讲述的道德标准",同时,观众也会应用其他标准来判断节目质量,比如"人物塑造"和"故事讲述"等,但截至目前,"真实讲述的道德标准"是用来判断通俗事实节目最普遍的一种标准。[②] 从这一层面来理解,选取中美"好声音"作为样本分析,一来因为它是近年来风靡全球的现象级节目;二来因为它的节目类型和节目伦理相对来说是比较高位的,对聚焦叙事伦理的分析有帮助。

一、研究问题

真人秀节目通过个人或群体故事叙述构建影像的紧张关系,引起广泛的娱乐必要性的讨论和公众的争论,对故事真实和虚构的情感介入,特别是人物形象和叙述都被聚焦在娱乐上的形式,使得真人秀节目从创始之初就褒贬不一。我们发现国内外选秀热还在持续升温,连向来以正统

---

① 相关观点,可参见[英]安奈特·希尔:《流行真人秀:真实电视节目受众的定性与定量研究》,赵彦华译,中国国际广播出版社 2008 年版。

② 同上。

形象示人的央视也加入了对选秀节目的热推行列。以往的研究主要聚焦于对选秀文化的理解、批判与反思，随着选秀类节目的遍地开花，国家广播电视总局相继出台了一系列管理措施和细则，对选秀类电视节目进行限制，旨在抵制低俗之风，由此，节目的元素越来越多元，叙事结构线索更为复杂，故事性、话题性的表现形式更趋多样。

"好声音"在全球的成功，说明其是一个典型的成功的真人秀节目范本，不管是从收视率和影响力方面来看，还是从实际的节目内容产制来看，其在综艺节目中都有一定代表性，受众也比较认可这种节目类型。那么该节目为什么比较受欢迎？它的传播效果如何？会对受众产生什么样的影响？由这个节目产生的引起广泛关注的大事件，它们的叙事模式是怎么样的？产生了哪些伦理问题？考虑分析研究的针对性，本研究在主要进行叙事伦理分析的大前提下，聚焦中美"好声音"节目本身，将其引发的有重大影响力的事件或引起广泛讨论的话题作为探讨范畴。

对于中美"好声音"来说，其不仅通过传统的电视媒介让观众来选择观看，在新兴的网络和手机中的社交媒体进行的二次传播也是非常广泛的。在究竟是公有领域还是私人领域还很难界定的社交媒体中，对事件进行及时反馈和传播已经成为人们日常生活的一部分，这背后反映的是主我的焦虑还是呈现的快感，是被媒介工具所奴役的无意识行为还是情绪的释放，是群体认同还是关系依赖，是媒介技术进步带来的便利还是迷失等，都是值得探讨的话题。

"好声音"中的"秀"作为特定的符码，其"秀"场是否模糊了媒介景观和现实的区别；高度的参与、场景的模式化叙述、瞬间的互动和体感，推高人们对自我的预期的同时，不同传播主体呈现出来的对"是非对错"的理解和表达，受众的解码以及涵化作用的研究等方面也有很多值得挖掘的地方。居伊·德波提出，"景观社会"形成于资本主义发展到一定的阶段，炫耀性消费日渐成为维持社会经济再生产的核心动力;让·鲍德里亚宣称,真正的文化是"充满神秘、诱惑、独创和象征性的交换"。从这个意义上说,媒介真人秀更倾向于充满阐述、表达、参与的张力,类似于"媒介方面独特的事件的传递,使人产生一种短暂感和肤浅感"[①],但又不乏时间和空间的感知,那么中美"好声音"做得如何,值得我们深入研究。

媒介生态和信息生产方式不断变化,传播路径也日益呈现出新的特点,传播环境的多义性和语境的复杂化,使受众已然不再是单纯的信息接收者、意义的参与者和共享者。在媒介化社会,媒介无处不在,人们感知和使用媒介的方式越来越多元,绝大多数受众拥有了私人化的传播工具,在各种新媒体和社交媒体扮演着双向互动的集传播者和受传者于一身的角色,成为文化场域中的意义生产、传播和接收的共同体。"我们生活在一个转型社会,而文化的观念常常被认同为过渡所包含的某种或某几种势力。"[②]媒介发展所呈现的文化意蕴对反馈社会现状和发展方向有一定的参照作用。

本书首先研究了中美"好声音"在媒介化社会中的表现、内涵和位置及兴起的原因;中美"好声音"是如何传播并发挥影响力;其兴起背后的社会心理和具体情境如何;其意义诠释与交换的过程是怎样的;与日常生活关系如何;会对受众产生怎样的影响;受众又是如何看待这一现象的。通过呈现"好声音"传播中具有景观意味的事件或现象来进行叙事伦理分析,寻找其叙事中的伦理意味,探询"好声音"的价值体系及其悖论,从中发现具有与叙事伦理相关的问题,并进行相关研究和解答。

---

① [英]尼克·史蒂文森:《认识媒介文化:社会理论与大众传播》,王文斌译,商务印书馆2013年版,第272页。

② [英]雷蒙·威廉斯:《文化与社会》,高晓玲译,吉林出版集团有限责任公司2011年版,第332页。

　　结合约翰·菲斯克关于意义的流通的思考,除了"好声音"作为节目主体的完整的结构文本之外,我们还可以研究"好声音"三个层面的文本特性,同时再弄清楚它们彼此之间的具体联系。第一个层面,随着"好声音"节目的播出,出现了一系列文化形式如比赛现场、演唱会、代言广告、电影、书籍、光盘等,营造出媒介事件的意味;第二个层面,在各类报纸期刊、各种电视广播娱乐节目、网络娱乐视频和社交媒体、网上论坛中,有各种各样关于"好声音"的讨论,这些讨论和评述有助于我们进一步理解"好声音"引发的媒介现象;第三个层面为"好声音"如何介入我们的日常生活并产生什么影响。

　　"好声音"作为一个文本实践,它是一个开放的复杂文本,民众如何从中享受快乐、感受温度,一来有赖于受众的审美情趣、消费品位;二来有赖于受众参与后产生的社会认知和社会需要。运用叙事伦理来分析"好声音"的传播变迁,可以更深层次地了解、更理性地看待媒介文化和媒介运作,拓展理解媒介文化的方式和视角,以便更好地应对渐趋复杂的生活方式和生活实践。

　　中美"好声音"的叙事伦理研究,重点在"好声音"的叙事主体是如何运用叙事技巧来讲述故事的,这些过程呈现出哪些伦理意蕴,我们应该如何进行伦理判断、伦理价值的讨论并建构伦理理想;探讨节目叙事的内部规律如何,对故事的叙述是基于社会文化的编码还是有既定的社会文化语境;它的叙事想象、叙事策略和叙述方式重构了审美时空,形成新的叙事文本,与社会的关系如何,与叙事者所在的现实语境关系如何,产生哪些伦理讨论,对被叙述者来说意味着什么,这些都是本书要探讨的问题。

　　综合来看,本选题的研究问题主要聚焦在以下几个方面。

　　(1)我们应该如何对"好声音"这样的真人秀节目进行伦理判断、伦理价值的讨论并建构伦理理想?

（2）"好声音"的传播过程中,有哪些正面声音和负面声音?

（3）通过对中美"好声音"故事伦理进行比较分析,会有哪些研究发现?

（4）通过对中美"好声音"叙述伦理进行比较分析,会有哪些研究发现?

（5）真人秀节目的内容优化可以从哪些方面着手?

二、研究意义

在对叙事伦理的分析研究中保持对日常生活的关注,在以往的研究中还是较少出现的。之所以进行这样的研究视角的设计,主要是因为叙事与传播是紧密相连的,不管是对叙事结构还是叙事框架进行分析,都能更好地探究事件的本质、了解伦理问题产生的根源;而媒介文化融于日常生活之中,"人的历史上不曾有过日常生活完全不受艺术影响的时代,艺术总是起到某种作用。当然,这在相当大程度上取决于哪一艺术分支进入人们的日常生活,正如在相当大程度上取决于这些艺术品的质量一样"①。在一个媒介的影响无处不在的社会,媒介"秀"景观对日常生活的影响及其意义是值得探讨的。

研究主要聚焦中美"好声音"的比较研究,分析归纳不同的文本、不同的叙事呈现出的伦理经纬;对真人秀节目呈现出来的叙事伦理问题做细化量化分析,了解作为一档现象级的电视娱乐节目产品,其叙事背后蕴含着什么样的意义,对社会和个人而言会产生哪些影响;艺术文本的现代性自律和他律有什么要求;对真人秀文本叙事与伦理之间的关系、问题等进行梳理,探索更为有价值的发现。

（1）从理论价值来看,本选题的研究源于日常生活中的感触,是对

---

① ［匈］阿格妮丝·赫勒:《日常生活》,衣俊卿译,黑龙江大学出版社 2010 年版,第 53 页。

媒介现象的再认识和媒介文化的再思考。基于对媒介生态的关注,笔者发现媒介真人秀节目在电视中占比越来越大,对整个电视行业乃至相关产业以及日常生活的影响尤为明显。本书对真人秀的传播内容进行学理上的梳理,有助于构建真人秀研究的全新理论视角,具有一定的学术价值;叙事伦理一定程度上契合时代的特质,用叙事伦理的思维方法和理论传统来梳理媒介现象,可以较好地回应人文价值重新出发的需求。

(2)从实践价值来看,真人秀节目的质量参差不齐,叙事伦理问题比较突出,内容有待优化,有必要对其传播内容进行叙事伦理学方面的系统梳理。叙事与传播是紧密相连的,通过选择有代表性的中美两国现象级真人秀节目进行叙事伦理的细化及量化比较研究,以叙事结构和框架的分析来更好地探究事件的本质,能了解伦理问题产生的根源。通过分析归纳不同的文本,得到不同的叙事呈现出的伦理经纬,从而为研究提供基本秩序和方向感。同时,能对真人秀的传播在内容优化方面提供数据和信息支持,在内容优化的应用方面有一定实践价值。

(3)综合来看,只有理解了节目影响力和价值的根源,才能更好地为内容的优化服务,进而思考和推动节目效果进一步优化。对媒介真人秀的研究,有助于了解媒介文化和电视节目的现代转向,对理解电视节目的意义生产、受众参与媒介的互动有较强的理论价值,对媒介生产消费具有一定的指导意义,对政策的制订有一定的辅助作用。

本书通过将叙事理论与传播效果结合思考,了解在全新的媒介社会中娱乐真人秀节目的价值走向,探讨节目故事、叙事背后的智慧,分析不同的文化背景所呈现的节目样态对受众的影响,研究伦理关怀产生的影响力,并通过解析受众关注的话题点来更深层次地理解文本的复杂意味;用全新的叙事伦理的视角来观看电视节目艺术,理解真实和虚构之间建立起来的叙事空间,展示艺术的魅力和表现力,同时也反思艺术作品在日常生活中的位置,表达对现实的道德关切和感受媒介伦理的力量。

第二节 研究方法及结构

一、研究方法

本研究总体上说属于个案研究的范畴。个案研究虽然面临诸多批评和争议,但作为社会科学研究的传统方法和重要方法之一,也受到绝大多数学者的肯定。如陈涛在《个案研究"代表性"的方法论考辨》一文中论证了个案研究无须纠结"代表性"的问题,并认为个案研究所从属的人文主义方法论决定了其并没有代表性的属性,但实证主义的强势以及政府决策部门的需求,导致了对个案研究代表性的刻意追求。个案研究对于丰富人类的认知和理解具有重要价值。"衡量个案研究的价值,并不在于要以个案来寻求对于社会之代表性和普遍性的理解,而是要以个案来展示影响一定社会内部之运动变化的因素、张力、机制与逻辑,通过偶然性的揭示来展示被科学实证化研究所轻易遮蔽和排除掉的随机性对事件过程的影响案例"。通过个案展现、揭示和解释事件中的社会逻辑与机制是个案研究的长处,也是获得"深入理解"的重要路径。

类型比较法是对个案研究的补充,中美"好声音"的叙事伦理比较研究涉及叙事学、传播伦理学、媒介环境学和媒介文化等多个学科领域,以叙事伦理学为基本理论框架,以传播伦理学和媒介环境学为重要的理论参照,以文化研究为理论补充,以文本和意义比较为总的方向性框架,以叙事研究和伦理研究为基础来展开。从目前的研究来看,在中美"好声音"的叙事伦理领域尚无有影响力的学术成果,而针对"好声音"的叙事和伦理的研究有一些基础性的描述性研究,在电视真人秀叙事领域和伦理领域也散见学术性文章,综合的成体系的理论还有待提炼和挖掘。

为此,本书综合运用传播学、社会学和心理学等方法,研究媒介"秀"的景观意涵、叙事变迁和伦理问题三方的互动关系,关注传播的复杂过程和意义生产,解析媒介技术进步的原因,了解传媒变迁和舆论环境,探讨文化传播所产生的效果;通过文献资料和文本调查分析,了解中美"好声音"节目的传播现状,分析传播中受众感兴趣的话题点,并解释为什么;通过叙事伦理的分析了解中美"好声音"对受众的影响,并对相关理论研究与实践探索经验进行系统梳理,总结已有的研究成果,分析存在的不足;在此基础上提出研究问题,并围绕研究问题确定理论框架和研究方法。

叙事和语言是社会所共有的两个主要的文化过程,它们"像生活本身一样,是一种存在"①。在文化研究的大前提下,本书结合叙事伦理分析,构建文化比较和制度比较作为本研究的主要框架,通过对叙事伦理相关理论的梳理和解释,找到适用于本研究的理论基点。本书围绕概念框架和理论预设提出具体的研究问题,通过对"好声音"传播价值的梳理,对媒介"秀"及其现象进行中外对比,了解媒介"秀"的传播主体和客体价值及其共有的发展规律研究,提炼出"好声音"节目发展过程中的制约因素及瓶颈,重点研究其叙事在空间和时间上的历史变迁,阐述叙事中出现的伦理问题,探讨相关部门如何对媒介"秀"进行有效的传播管理。

围绕具体问题,通过相关理论进行解释性分析,运用定性和定量相结合的方法来进行阐释分析,采用内容分析法、参与式观察、深度访谈、焦点小组访谈、问卷调查等不同方式了解研究"好声音"中的故事伦理和叙述

---

① ［英］约翰·菲斯克:《电视文化》,祁阿红、张鲲译,商务印书馆 2010 年版,第185 页。

伦理,通过比较研究分析同档真人秀节目不同版本出现的异同,更深层次地理解受众对媒介"秀"的接受、认同的方式和途径,对呈现出来的伦理问题和困境进行阐释分析,为规避有可能出现的伦理问题、形成更好的叙事模式提供参考。

本研究方法的局限在于,文本分析倾向于传播效果较好的内容,而深度访谈和焦点小组访谈的前提应该是不带倾向的客观的呈现和记录,这对研究者来说是一项考验。此外,叙事伦理的研究要和媒介文化研究、文化比较研究等结合起来分析解释现象、成因,需要把握不同理论间的融合度、适应性和差异化。加上研究对象"好声音"是一档电视节目,其作为一项创造的艺术,具有公开表演的成分,是一个开放的复杂的文本实践,需要从多个角度来考察内容,也需要研究者对整个论述过程做好思辨、取舍和平衡。

(一)内容分析法

传播学意义上的内容分析,其内涵和外延存在一定的不确定性,它借鉴了诸多学科领域的研究成果,包括社会学、政治学、心理学、修辞学和语言学等。内容分析的主要研究对象是媒介内容,包括文本、符号和信息等,彭增军在《媒介内容分析法》一书中系统地介绍了内容分析法的理论来源、适用范围和操作方法,他认为内容分析研究的对象是象征性信息符号,是经过多重过滤的思想意识沉淀;同时这些信息符号所形成的文本本身又是活性的,其意义需要在解读中产生,需要主观和客观的交互,内容分析可以描述推论,也可以诠释;可以是基础的理论构建和验证,也可以是实证研究。[①]

拉斯韦尔的 5W 模型可以较好地架构内容分析框架,谁(内容产生的

---

① 相关观点,可参见彭增军:《媒介内容分析法》,中国人民大学出版社 2012 年版。

源头，文本的制约因素，把关人的研究）→说了什么（内容文本本身，内容研究）→通过什么渠道（内容传播的途径，影响内容的到达和接收，控制研究）→对谁（内容的解读，如何诠释，接受研究）→产生了什么影响（形式与内容以及环境等各方面共同起作用的影响，如何区分影响因素，效果研究）。由此我们发现内容研究不是孤立的，多重因素会影响内容的生成和传播，对内容的关注无法回避整个传播流程，也可以把媒介内容比作生产、流通和消费环节中的"产品"，确保"产品"质量不仅需要流程的标准化作业，更需要把控生产流通消费环节中的各种不利因素。

内容分析作为一种研究方法，对信息传播的内容进行调查能够有效地了解接收这些信息的人的状态、他们为什么选择接收这些信息、他们的信仰和价值观等方面有没有一致性，研究者在观察媒介内容的过程中，为了将媒介场景与社会现实做比较来推测传播效果，运用这样一种分析工具来了解传播者的态度，思考传播内容，描述内容展示出来的倾向和趋势，比较不同样本呈现出来的特征，形成带有一定主观色彩的解读模式。内容分析主要采用定量分析的方法，但在对文本的归类和阐释方面很大程度上依赖于研究者对分析对象的判断和了解，也带有定性思辨的色彩。具体程序大致分为建立假设—抽取文献样本—确定分析单元—制定分析体系—定量处理与计算—分析汇总。

内容分析法的基本类型包括单纯描述研究、比较研究（纵贯研究和横剖研究），由于本研究聚焦于中美"好声音"的叙事伦理比较，比较研究中的横剖研究是本书主要运用的方法。横剖比较研究，指的是在一个时间点上，单一媒体或者跨媒体之间，内容变量在不同情形下的比较，包括内容变量之间的关联比较和内容变量同外在数据指标的比较。需要注意的是，跨国别、跨媒体的比较分析容易把结论归结为政治或文化因素，为此我们更需要考虑非体制、非文化因素的影响。

为此,本研究在内容分析法的设计上主要从以下四个方面展开。

一是对参加节目的选手进行抽样分析比较,关注他们的身体特征、社会特征、社会关系、感情性质、人物类型、价值观、故事类型、叙述方式,通过研究比较中美"好声音"对选手选择的倾向性和原因分析。这里主要进行节目部分文本产生的来源和内容进行分析,侧重考察传播者对节目文本内容的影响以及选手话语的叙事伦理指征。

二是对参加节目的导师话语进行抽样分析比较,关注他们的身体特征、社会特征、社会关系、任务类型、感情性质、价值观、叙述风格,通过研究比较中美"好声音"导师话语的倾向性及其呈现的伦理意涵,侧重内容本身的文化意义。

三是对主流媒体关于"好声音"的报道进行分析,关注报道的偏向、变化,分析原因,呈现过程。这里侧重内容所产生的影响,分析媒介事件呈现和再现,从中发现主流媒体的关注点和舆论导向。

四是对网络论坛、微信和微博等关于中美"好声音"的评价进行大数据统计分析,目的在于通过受众的反馈来观照其叙事伦理的价值;这里侧重内容所产生的影响。

身体特征:性别、发型、体型、年龄、种族、语言、肢体语言、服饰、装饰等。

社会特征:职业、教育、社会经济学意义上的阶级、地位、角色、族裔背景(国籍)等。

感情性质:热情或冷漠、焦急或平静、沉着或不稳重、威严或依赖、敌意或友善、坚强或软弱、可爱或可恨、个人主义的或集体主义的、墨守成规的或是标新立异的、爽朗的或默然的等。

人物类型:粗犷型、狂野型、深情型、敦厚型、性感型、可爱型、智慧型、甜美型、爽朗型、中性、无厘头型、混搭型、幼稚型等。

价值观：崇尚自然、享受比赛、坚守梦想、渴望成名、改善生活、展示自我等。

故事：梦想故事、爱情故事、悲情故事、励志故事、家庭故事、无故事等。

叙述方式：平铺直叙、激昂顿挫、激动兴奋、平实、耍酷、中性、可爱、性感、矫情造作、率性等。

（二）话语分析

话语分析是语言学领域一门新兴的交叉学科，其研究对象是句子以上有意义的语言单位，主要研究语言学和类语言文化学，后来范围逐渐扩展到哲学、文学批评、历史、心理分析等领域。话语分析途径方法众多，包括叙事分析、言辞行动理论与语用学分析、新闻话语分析和批判话语分析等。话语分析就是对那些已经说出来的"话"究竟是以怎样的方式以及按照什么样的规则被说出和被传播的过程加以分析。[①] 在社会文化的视角看，任何现象都是文本，而对现象的解释和说明就是话语。

话语分析和叙事分析都属于人文社会科学的研究范式，但在学科渊源和研究角度上存在差异。从方法论基础、话语和叙事的关系、理论的发展等方面看，话语分析和叙事分析具有同一性，二者都关注事件的话语表述和话语表述的事件。为此，本研究也汲取话语分析的养料来充实论述的过程，并倾向于使用多元话语分析的视角来介入文本的理解，但话语分析无法完全概括媒介内容的研究，故该分析方法将在适用范围内使用。

多元话语分析是多元主义与话语分析的结合，它的基本出发点是对话语存在某种唯一的原意或者本意进行否定，认为话语存在多义性，人们

---

① 谢立中：《多元话语分析：社会分析模式的新尝试》，《社会》2010 年第 2 期。

要获得这种原意或本意是有一定困难的。因为说话者的原意或者本意无法界定,本人也无法轻易解释清楚,作为阐释者就更难准确地把握这一原意或本意。还有一种情况就是某人在说某句话的时候,他自己或阐释者可能都认可有一个本意或原意,这有点类似于传播有效性的最大化,但时间和空间可能会改变原意或本意,说话者本人和阐释者都有可能会变化,未必有一个恒定不变的答案。

多元话语分析认为,面对一个话语文本,我们可能形成多种不同的分析结果,对于这些不同的分析结果,我们很难对谁更符合或更接近被分析的话语的本意做出绝对的判断。可以有一个暂时的判断,觉得哪个更符合"本意",但只能是暂时的,因为经过一段时间后,就可能会有一些新的线索,会觉得之前的理解是不对的,还会有新的理解。多元话语分析也叫作话语分析,但它尝试使用一种多元的立场,并不认为自己通过一套程序、方法得到的结果就是唯一的真理,它认为可能存在着其他不同的结果,与后现代主义有更多的相似之处。倡导多元话语分析的主要目的是消除以实证主义、古典诠释学和传统的批判理论为代表的传统的实在论分析模式在社会研究中的影响。①

(三)比较分析法

比较是唯物主义辩证法的一种基本方法,是基于事物之间存在普遍联系的观点而提出的。该方法通过比较来发现问题、解决问题,对不同事物的内部矛盾或者同一视角对不同事物进行横向、纵向的对照,通过对比式分析,可以使研究视野更加开阔,研究思辨更加立体,对研究发现也是有益的补充。

比较分析法强调研究对象的可比性,要对研究主题之下的各个层次

---

① 谢立中:《多元话语分析:社会分析模式的新尝试》,《社会》2010年第2期。

和维度进行具体的分析。比较分析的对象类目要清晰明确,要提炼出比较对象的共性和个性,找出规律性的东西,选择具体的角度切入。

按目标分,比较方法可分为求同和求异比较,前者是通过寻求不同事物的共同点,从而寻求事物发展的共同规律;后者是比较两个事物之间的不同属性,从而说明两个事物的不同,以发现事物发生、发展的特殊性。按性质分,比较方法还分为定性比较和定量比较,前者主要是通过事物间本质属性的比较来确定事物的性质,后者只对事物属性进行量的分析以准确指定事物的变化。

(四)文化批判分析

解释和分析文化中的大众媒介文本和内容,可以更好地了解我们身处的文化及我们自身。在人文社会科学,尤其是文化研究和文化社会学中,被称为"文化趋势"的研究领域开始强调"意义"一词对于文化一词的重要性。文化是复杂的系统,不同的视角有不同的解说方式,不管是对生活实践的认知,还是对过程和意义的重视,文化都有自身特定的符码。一般来说,一个社会或者群体成员之间进行交流沟通,就会生产和交换意义,意义的获得需要文化的密码。斯图亚特•霍尔认为如果两个人来自同一种文化,他们解释世界的方式趋于一致,则更容易相互理解、了解对方,文化所赋予他们同一种看待事物的方式和角度,进而产生意义,意义联结人、事和物。

一般来说,法兰克福学派对文化工业的批判理论也有较多适用性。以下列举几点。商品化,在文化商品中,使用价值被交换价值所替代,文化工业的产品从生产到流通到消费,都严格按照商品的操作程序运转;标准化,文化工业按照一定的标准、程序大规模地生产各种复制品,促进和反复宣传某个成功的作品;欺骗性,揭露和批判大众文化所具有的意识形态上的统治功能,大众文化是一种强制的支配力量,大众文化培养顺从的民众,导致他们习惯于追求平庸和易得的精神生活,缺乏深刻的批判精神和思辨能力,善于逃避现实,沉迷于虚拟空间,满足于现状;支配性,文化工业对文化的控制在本质上就是对人的控制,充当意识形态的大众传媒构筑了一个统治者控制之下的全封闭的社会系统;消费性,消费社会拒绝崇高和理想,人们在消费文化商品的过程中享受舒适和愉悦。

二、研究结构

本研究共有六个部分。

第一部分为引言,简单介绍本研究的目的、研究意义、研究方法及研究结构,并对相关文献进行综述。

第二部分主要对中美"好声音"文本阐释的背景进行分析,包括对文本进行阐释所需要的理论框架背景及叙事伦理视野中的"好声音"文本的剖析和对"好声音"中的叙事结构、范式、意涵、视角和模式的分析,并对"好声音"文本阐释的维度选择进行了分类梳理。

第三部分结合文化研究和文化比较,对中美"好声音"的审美意涵进行阐释,因为叙事伦理的分析离不开文本所处的文化场域,我们需要了解文本的意义生产与文化的关系,在多大程度上受所处的环境(包括社会媒介环境和文化环境)影响进程。此外,通过对国内纸媒对"好声音"的报道视角进行分析和对中美"好声音"的微博话题点的比较,围绕该文本的社会心理和伦理讨论,将宏观和微观视角结合起来探讨使用该文本来进行研究的价值。

第四部分对中美"好声音"故事伦理进行具体的比较分析,通过内容分析法的运用和设计,结合 Nvivo10.0 质性工具软件来辅助分析,提炼出两者的故事类型并进行伦理比较讨论,探讨故事的伦理价值和困惑,了解道德规范与真人秀的关系,思考如何看待真人秀中选手的故事,如何处理节目内容与选手普通日常生活出现差异的两难情况,如何看待表演与真实,隐私权,公正、公平待遇权,好与坏的道德导向以及故事价值等。

第五部分主要运用多元话语分析和比较分析,紧扣叙述伦理的视角,关注叙述者及叙述者干预、媒介表达和个体的关系等,通过分析修辞伦理、关系伦理和对话伦理,来探讨和判断两个文本间的叙述差异及其所产生的不同的伦理价值,并分析叙述中自律和他律的形式与构成。

第六部分聚焦研究发现,重点分析中美"好声音"这两个不同国别的节目文本分别代表了什么样的伦理诉求,与媒介大环境和文化的关系如何,在故事设计和叙述方式上的差异是否导致伦理价值的不同呈现,真人秀节目的伦理价值有哪些维度,有没有印证研究假设"真人秀节目中的伦理价值可以通过更好更真诚的叙事来呈现"。通过对两者的比较分析来为真人秀的传播优化提供思路,特别对传播者的规制、传播内容的价值和影响力优化以及传播效果的反馈优化等方面进行系统分析探讨。

第三节　文献综述

前人的研究是聚焦本选题的原因之一,也是提炼创新的前提,更是研究的重要参照,通过查阅与媒介娱乐化、真人秀(中美"好声音")叙事或是伦理相关的文献资料,笔者发现以往的研究主要聚焦于以下几个方面:真人秀叙事研究、真人秀伦理研究及《中国好声音》的成功原因、叙事元素、叙事结构以及伦理意涵等,由于文献梳理过程中发现对《美国好声音》的专门研究非常少,故此不进行单列。

一、关于媒介娱乐化的研究

媒介娱乐化是研究真人秀叙事或是伦理问题的大的框架和背景,也是真人秀兴起的重要原因,媒介娱乐化的总体表现和进程不但反映出当前的媒介文化,也影响着总体的媒介生态环境。关于娱乐化的相关文献较多,主要集中于研究其表现、特点、影响、趋势、问题、对策及反思等。总体上来说,学者们主要还是以批判的视角看待媒介娱乐化进程。

娱乐作为生活的必需品,与生产消费紧密结合在一起,成为与我们日常生活息息相关的话题,类似于游戏的存在。如杨新磊《"娱乐化"的"去伦理化"本质及忧思》一文中猛烈批判了"娱乐化",认为其背弃媒介的道德使命与伦理认同,引发了传媒领域乃至整个社会中的诸多伦理问题,滋生诸多伦理危机,主要表现在资本与商业迫使传媒唯利是图,引出传媒所面临的第一个困境即资本效益与道德良知的关系问题;人文关怀缺席与失语,走向庸俗化、琐屑化乃至感性化;娱乐化立场的反道德化,炒作的"去崇高"化,后现代倾向的娱乐化表现,令信息和娱乐的界限消失;呼吁关注社会道德重建的进程等。

从笔者掌握的资料来看,国外以往对娱乐的研究主要聚焦于娱乐心理学的研究,研究娱乐节目如何使人愉悦,较新的研究则把视角转向强调认知、幸福感、交互性和社会互动对娱乐产品的重要性等方面。

也有学者专门著书立说,如鲍海波所著《媒介文化的阐释与批判》一书中认为,媒介文化之所以可称为"奇观"是基于现代大众传播媒介及其内容的爆炸式增长,对其所统领的象征领域的巨大扩张以及来源于此的具有"文学性"的符号冲击连续不断,还接入与改变了日常生活。黄学建所著《中国电视娱乐文化批评》,探讨了中国大陆电视娱乐化转型的纷繁表象和复杂原因,对国内电视沉降为"愚乐""误乐"的工具——泛化、低俗化、同质化的文化实践,进行全景式述评。厉国刚所著《媒介迷思论——数字化浪潮下娱乐化和商业化的媒介文化》中,提出了媒介迷思的几种现象并进行了分析。段鹏所著《社会化的狂欢:台湾电视娱乐节目研究》中,有一个章节对台湾电视娱乐节目的低俗化进行了批判与反思。又如蒋晓丽所著《奇观与全景——传媒文化新论》一书中专门有一个章节讲到传媒文化的娱乐化,认为娱乐是媒介的基本功能,也是市场导向的需要,并对《超级女声》节目引发的现象进行了解析,指出传媒产品娱乐化的典型手法有题材奇观化、叙事感官化、制造和使用品牌明星、提高大众参与度等,其中专门分析了传媒文化的感性欲望叙事,并提出传媒文化过度娱乐化带来了道德危机、文化危机和心理危机等。

二、关于真人秀的研究

近年来,很多研究者看到了真人秀节目的丰富意涵,通过不同的角度、不同的理论视角来解析真人秀节目,包括其兴起原因、传播策略、内涵、本土化情况、现状困境以及从内容到形式的分析等。关于真人秀的叙事分析和伦理分析,现有的研究也比较丰富,主要集中于选取单一真人秀的样本叙事进行分析,或是叙事话语比较分析,也有对电视真人秀的文化解析,对电视真人秀的娱乐伦理的思考,以及伦理困境的解析和价值判断等。此类研究相对较为浅显,主要还是批判真人秀节目中反映出来的和主流价值观相悖的部分如低俗化等,而事实上伦理学的研究有较多的理论路径,不同的视角会带来不一样的判断,为此也有较大的挖掘空间。

对于知名的真人秀节目的个案研究,现有的研究呈现得比较多,但有分量的研究相对有限,更多的是从不同角度和侧面解析它们成功的原因、表现和未来的可能性等,也为本研究提供了较为丰富的文本资料。但对现象的分析与对现象综合文化的分析还是有很大不同的,特别是理论和规律的提炼有待探究。为了提高研究的针对性,这里就专门系统、宏观研究真人秀的文献做一梳理,由于没有检索到对真人秀节目的叙事伦理分析,只能将就叙事和伦理进行阐释的文献进行粗线条梳理,两者既有联系又有区别,也将统一阐述。

国外学者关于真人秀的学术视角和兴趣显然比较广泛,专门研究真人秀的书籍的数量远远多于国内。根据与本选题的相关性,笔者主要选择分析的文本,集中在真人秀的生产和消费、真人秀中的故事、真人秀与价值观和伦理的关系及相互影响,以及真人秀与媒介文化的关系等方面。

(一)关于如何制作成功的真人秀

《真人秀和电影故事的讲述指南:电视和电影制片人工具包》一书表示,我们从真人秀制作指南可以反观真人秀的生产。书的作者是一位被称为"电视疑难问题终结者"的国际顾问和著名的制作人,他认为故事结构应该聚焦戏剧性和吸引力,因此,开发了一个专业工具包用于真人秀节目和电影的制作,为如何去开发故事和人物、构建脚本、拍摄、编辑、命名和吸引观众方面提供了很多技巧和方法,它揭开了一系列真人秀节目制作的内幕,例如《厨房噩梦》《换妻》《学徒》等,为世界范围内领先的电视和电影制作人提供建议。[①]

《真实检验:真人秀节目制作的商业与艺术》作者告诉你如何把电视真人秀节目的好主意转换成现实的产品,通过努力的工作和现实的考量,提供不仅仅适用于商业、法律和真人秀电视的艺术方面的信息,还提供了一些可信的建议:如何更好地理解性、复杂性和潜在的现实题材;如何令高质

---

① 相关观点,可参见 Robert Thirkell:*CONFLICT-the Insiders' Guide to Storytelling in Factual/reality TV & Film:The C.O.N.F.L.I.C.T Toolkit for TV and Film Producers*,London:Bloomsbury Publishing PLC,2010。

量的网络和制作公司参与真人秀制作;如何用法律保护自己以及工作的知识产权;如何从辉煌和出丑面前学习;如何利用互联网和其他多媒体渠道发布真人秀节目产生收入;如何避免真人秀节目专业陷阱;如何把制作真人秀节目作为一个成功和持久的职业;如何利用你的所有能力去制作一个电视真人秀节目;如何参照 Mark Burnett、Dick Clark 等行业前辈的特点。①

(二)关于真人秀兴起的原因

《真人秀的胜利:美国电视的革命》一书认为,真人秀电视节目持续受到欢迎的原因,不仅仅是它煽情的内容、低廉的制作成本、对现实的逃避和娱乐,还包括几个关键的媒体发展趋势:创新的故事;满足观众的情感诉求;从电视到其他媒体的全覆盖,如电影、音乐专辑、网站、网络游戏的内容和应用,智能手机的应用程序等。作者还分析了电视真人秀节目中的社会冲突主题,如美国家庭中观念的转变,并讨论了美国社会中普遍存在的社会忧虑、种族、阶级关系和经济矛盾。②

《真人秀:被观察的工作》一书基于相关的文化理论和对粉丝、剧组成员、制作人的采访,在更广阔的社会背景上展示了真人秀电视节目的发展脉络,描绘了其在数字格式方面的发展,监测了交互式经济和对于现实不信任的理解。通过描述几个成功的真人秀电视节目形式,如《老大哥》这类电视节目在经营领域的复兴,作者运用一些相关的社会批判理论,分析了被宣传的"真"是如何被利用来作为虚假的民主化承诺的。③

---

① 相关观点,可参见 Michael Essany: *Reality Check: The Business and Art of Producing Reality TV*,Waltham: Focal Press,2008。
② 相关观点,可参见 Leigh H. Edwards: *The Triumph of Reality TV: The Revolution in American Television*,Santa Barbara: Praeger,2013。
③ 相关观点,可参见 Mark Andrejevi: *Reality TV: The Work of Being Watched*,Maryland: Rowman & Littlefield Publishers,2003。

《美国偶像:不为人知的故事》一书发现《美国偶像》重塑了名人的想法,通过塑造"把他或她变成一个真正的明星"来帮助构建一个未知大梦,记述了节目中选手的成功和艰辛、悲惨的幕后故事和扣人心弦的舞台上的战争及其启示。[①]

《直击观众:真人秀中的冒险》探讨真人秀节目种种形式的出现、它与纪录片的关系、在全球化电视产业中的意义,作者得出的一些用于控制选手的手法和监禁心理审讯技巧方法之间的相似之处,发现了在真人秀节目中心理学家和心理咨询师的影响力。这种"轻娱乐形式",是对反政治文化的宣传,宏大叙事缺失的大前提下只关注自己和自我,已经越来越被视为唯一值得讲述的故事。[②]

(三)关于真人秀与文化的讨论

《真人秀:重塑电视文化》一书指出,真人秀节目已经主导荧屏,并迅速从电视文化的边缘移动到其利润丰厚的核心,但对真人秀的研究和关注显然不够的,该书从经济、视觉、文化和现实的电视观众规模等视角,来看待真人秀节目的历史和发展,以及它的意味和它如何与社会、行业、个人产生联系,展示了真人秀节目对我们的政治和社会变化引发的欲望和焦虑的容忍度。[③]

《通过电视更好的生活:电视和后福利公民》一书用政治经济与文化研究视角,通过真人秀节目研究电视的不断变化的角色和作用,了解其对

[①] 相关观点,可参见 Richard Rushfield:*American Idol:The Untold Story*,New York:Hachette Books,2011。

[②] 相关观点,可参见 Sam Brenton , Reuben Cohen:*Shooting People:Adventures in Reality TV*,London:Verso,2003。

[③] 相关观点,可参见 Laurie Ouellette/Susan Murray,*Reality TV:Remaking Television Culture*,New York:New York University Press,2004。

文化、政治和现实生活方式的影响和发展趋势。通过对音乐产业现状的深入分析,提供超过 90 个抒情的模板,从美国流行说唱到摇滚,并展示了在真人秀中无数成功应用的例子,供后来者参考。[1]

《真实景观:从好莱坞到真人秀及超越》一书分析了好莱坞特效提供惊人的创作或再创作给我们"难以置信的现实"的感觉,他们可能会出现"不可思议"和"真正的"吸引力,通过细节和文本的真实说服我们欣赏;而真人秀节目根据"真实"和"现实"的区分,用日常生活的平凡与激烈到人际活动范围的广泛来提供"真实景观"。[2]

《理解真人秀》一书将"真人秀"作为国际上最前沿的电视文化之一,从技术影响和文化形态的角度来研究关于它的定义的争议、权力关系以及消费与传播的议程,涵盖研究的主题包括窥视、名人结构、短暂性、政治性以及观众的反应和粉丝圈等。[3]

(四)关于真人秀与价值观的讨论

《真人秀是真的吗:展示和真实》一书认为美国观众总是被那些无剧本、情节惊奇的电视真人秀节目所吸引,关于政治、经济和个人生活的电视真人秀节目更像日常生活的夸张版。本书讨论了电视展示的概念,并探讨了在不同的真人秀,例如《幸存者》《学徒》《大哥》《保姆》《美国偶像》《改头换面》《乔的百万富翁》和《极速前进》等节目中观众和制作人之间的争论和妥协点,通过对现实性、受众、性别角色、少数民族的形象和权力问

---

[1]　相关观点,可参见 Dr. Oh: *Be the Next Singing Sensation*: *Everything You Need to Win a Contest on Reality TV and Launch Your Music Caree*,Lulu. com,2007。

[2]　相关观点,可参见 Geoff King: *The Spectacle of the Real*: *From Hollywood to Reality TV and Beyond*,Chicago: Intellect Books,2005。

[3]　相关观点,可参见 Su Holmes, Deborah Jermyn: *Understanding Reality Television*,London and New York: Routledge,2003。

题的讨论来思考节目中的身份认同、节目框架和社会价值观等。①

　　《言说通道：真人秀及其历史》一书认为真人秀节目成为过去十年中增长最快的流行文化趋势，其元素表现为普通人、名人、游戏节目、隐藏的摄像机、日常生活、幽默或戏剧性等，根源可以追溯到收音机时代。这本论文集提供了一个跨学科和跨文化的思考角度来分析电视真人秀节目包括《老大哥》《换妻》等。从澳大利亚到加拿大，从美国到英国，还讨论了现代大众文化中的西方价值观，展示了家庭中的物质压力和现代的个人主义精神，并展示分析真人秀节目如何改变电视观众的价值观，分析了真人秀节目中表现出来的个人和集体的紧张关系、技术的变革力量、名人的创作以及公共领域和私人领域的崩溃。②

（五）真人秀与伦理的讨论

　　《真人秀：事实娱乐与电视观众》讲述了真人秀电视节目的复苏。观众对于真人秀节目的反应、讨论和批评，可以增强我们对现实题材和当代观众喜好的了解；通过定量和定性的方法进行的观众调查，可以了解他们怎么把真人秀节目进行归类以及他们如何评判普通人在节目中的表现和观看电视节目的真实性感受，包括观众是否认为真人秀节目是真实的、人们能否从真人秀节目中学习、观众对于真人秀节目的重要性等。真人秀电视节目证明观众才是电视流行趋势的决定力量。这本书讨论了观众如何通过观看真人秀电视节目学习、观众如何思考和讨论真人秀节目的伦理规范。③

---

　　① 相关观点，可参见 David S. Escoffery：*How Real is Reality TV?：Essays on Representation and Truth*，Ashe County：McFarland & Co Inc，2006。

　　② 相关观点，可参见 Julie Anne Taddeo：*The Tube Has Spoken：Reality TV and History*，Kentucky：University Press of Kentucky，2010。

　　③ 相关观点，可参见 Annette Hill：*Reality TV：Factual Entertainment and Television Audiences*，London and New York：Routledge，2005。

《真人秀伦理：一种哲学审视的视角》是比较难得的一本系统研究真人秀节目伦理的书籍，从审视电视真人秀节目的高额奖金开始，通过调查包括欺骗、隐私到社区建设和民主化，对电视真人秀节目的伦理问题进行了系统、全面的探讨，对真人秀节目对社会的益处和危害及其伦理影响进行综合评价，进行真人秀节目是否道德的讨论。[1]

《真人秀：现实主义与启示》分析了新的混合节目类型包括观察性纪录片、脱口秀、游戏节目、记录肥皂剧以及《老大哥》和《幸存者》这些项目，把讨论的重点放在小报化、媒体伦理、偷窥和真实再现等方面，通过详细的案例研究阐释现实主义与启示的关系及其生产。[2]

《真人秀的政治：全球视角》这本书涉及了广泛的议题，包括：真人秀节目的全球流通和本土化真人秀模式和游戏；"普通"人在公众的视线中，如何实现自我改造和成为想象的共同体；真人秀中的价值观；关于民族的、宗教的、性别的以及奋斗的名誉和声望的生产、阶级等。[3]

《拍摄人民：真人秀中的冒险者们》一书探析了真人秀类型以及新媒体的伦理问题，讨论了节目生产中的非公众性争议话题，并提问了社会和参与者在节目中失掉了什么，思考如何处理真人秀的未来和那些具有危害倾向、隐私和非人性而不适于传播的内容。[4]

---

[1]　相关观点，可参见 Kristie Bunton，Wendy N. Wyatt：*The Ethics of Reality TV：A Philosophical Examination*，New York：Continuum Publishing Corporation，2012。

[2]　相关观点，可参见 Anita Biressi，Heather Nunn：*Reality TV：Realism and Revelation*．London，UK：Wallflower Press，2004。

[3]　相关观点，可参见 Marwan M. Kraidy，Katherine Sender，Barbie Zelizer：*The Politics of Reality Television：Global Perspectives*，London and New York：Routledge，2010。

[4]　相关观点，可参见 Sam Brenton，Reuben Cohen，Shooting People：*Adventures in Reality TV*，London：Verso，2003。

(六)国内关于真人秀的研究

国内关于真人秀节目专门的研究专著相对有限,主要有尹鸿等著的《娱乐旋风:认识电视真人秀》,通过大量中外案例探讨了真人秀节目兴起原因、形态特征、成功元素、节目类型以及策划运作等,并探讨了真人秀应如何处理公共利益与商业利益、人文价值与娱乐价值、借鉴模仿与本土化之间的关系。李立的《奇观社会的文化密码——电视真人秀的游戏规则研究》探讨了真人秀节目的游戏规则。推动真人秀节目成功的基本要素包括:嵌入日常生活(或工作)中的摄像机,观众的"偷窥欲",在节目中暴露出来的现代人的焦虑、渴望、恐惧等等症结,强势的主持人。①

同时,浙江卫视《中国好声音》栏目组编著的《梦工厂:音乐电视真人秀节目运作秘笈》提供了项目运作的成功案例,通过《中国好声音》剧组中担任的各个环节的最重要负责人的谈话来探讨真人秀节目的制作;《乐动梦想:中国好声音梦想故事》详细地讲述了明星学员的"梦想"故事;史学东《电视大片的真相:解码〈中国好声音〉和〈中国达人秀〉》则以《中国好声音》和《中国达人秀》两台电视综艺节目作为案例,剖析了当下受社会影响巨大的电视业态变革和模式运作,剖析了它们的内在机理、运作模式以及价值建构,探寻电视在激烈竞争下焕发出的巨大创造力和人文价值。马小龙套《好声音:草根的音乐梦》罗列了大多数有特色的选手故事。这四本著作可以提供丰富翔实的案例和解说,并从创作者和解读者的角度来思考节目的流程规划及其影响,可以为本研究提供较为翔实的样本内容和分析资料。

从文化和美学层面来探讨电视真人秀节目的叙事影响,马伟红硕士论文《真实与消费:电视真人秀节目的文化解释》,分析了真人秀节目如何

---

① 胡正荣、朱虹主编:《外国电视名牌栏目》,红旗出版社 2011 年版,第 37 页。

迎合受众的需求；焦彦的硕士论文《真人秀节目策略的美学解读》，根据美学和电视研究的相关理论，挖掘真人秀节目的美学内涵；庄屿瑞的《"文化不适应"：中西方语境下的真人秀节目比较研究》通过对中西方语境下的真人秀节目的比较研究发现了产生于中国语境下的"文化不适应"现象，并进行了阐释分析。

张晓辉《"真人秀"节目中的叙事——兼谈它的隐私故事》从叙事层面进行探讨，运用叙事理论对"真人秀"节目本身的特点及其吸引力进行分析，并对节目中表现出来的对隐私的关注进行了探讨。夏颖《论真人秀节目人物塑造的叙事技巧和策略》，关注到真人秀节目人物塑造的叙事技巧和策略的重要性，并分析了《中国好声音》成功因素之四位评委的人性化色彩。涂曼硕士论文《中国电视真人秀节目叙事解析》，用叙事的视角来探讨真人秀节目的本质特征，试图找到现象背后的节目发展规律，使其获得文化品位和审美上的提升。谢玲的硕士论文《电视真人秀节目的叙事研究》，通过真人秀节目叙事模式进行研究，旨在透彻分析真人秀节目的文本结构，以利于这类节目的创新、改进并保持其生命力。田昊硕士论文《叙事的视野：电视真人秀发展研究》，从真人秀混杂纪录片、电视剧和游戏节目的特性出发，总结出真人秀的一些叙事特征，如集中而丰富的冲突、对人物的着意强调、系列/连续叙事、互动的叙事。

彭可希的硕士论文《电视真人秀节目中的文化价值观研究》从中美两个电视真人秀节目《中国达人秀》和《学徒》的对比分析中，得出了电视真人秀节目要在多元的文化生态环境中，坚持社会主义核心价值观，以及依靠整合电视文化表现形态，重塑电视真人秀节目形象的结论。李苗苗的硕士论文《中国电视真人秀的价值失衡与价值更新——论真人秀与主流价值构建》梳理了真人秀的发展概况，分析了其对电视媒介承载社会功能的双向影响，探讨了以真人秀为载体的电视媒介整合社会价值观的路径。

梁良的硕士论文《电视真人秀的娱乐伦理思考》,对电视真人秀中出现的娱乐伦理问题进行媒介伦理学范畴下的研究,从"真""人""秀"三个元素出发,分析了电视真人秀的娱乐伦理问题。周建军、陈一的《电视真人秀节目的价值批判》中认为,真人秀节目形态颠覆了纪实与虚构之间的界限,内容充满了刺激与诱惑,并结合文化批判理论对其进行了分析,阐释其表现出来的主流意识形态、伦理和道德。

三、关于"好声音"的研究

对《中国好声音》进行研究的文章较多,但系统研究的较少,国内的学者更多持肯定的视角,现有的文献主要集中于分析节目成功的原因、节目内容的元素构成和营销传播策略等。本选题主要聚焦"好声音"叙事伦理的讨论,因没有发现相关文献以叙事伦理的视角来研究,故重点梳理了对叙事或者伦理相关的研究成果,将对后续研究展开有帮助和有关联的做了梳理。

(一)《中国好声音》的内容传播与审美意涵

了解《中国好声音》的内容构成、传播价值、情感意蕴及其审美意涵,有助于更好地分析其叙事构成、叙事基础、叙事表现以及叙事意义。

1. 对"好声音"内容及元素的分析

张轶婷的硕士论文《"泛真人秀"时代中国电视真人秀节目的内容与传播创新——以浙江卫视〈中国好声音〉为研究样本》,从人物元素、动力元素、结构元素、时空元素及感染元素分析了该文本。王湘涛的《电视真人秀节目的人物元素分析——以〈中国好声音〉节目为例》认为作为真人秀节目的人物元素,主要体现在其代表性、戏剧关系性、表现力以及塑造平民明星等四个方面。许继锋的《〈中国好声音〉爆发性传播效应的模式要素》认为该节目具备了审美体验中的核心要素"好声音、好平台、好环境",并通过点评"真声音、真性情、真人生"来说明其"正能量、正传播和正此时"的节目价值。

2. 对"好声音"特征的分析

杨博、陈静芳的《电视节目中的奇葩——真人秀节目〈中国好声音〉特征析》把《中国好声音》的特质归结为"真实"表现下的人性展示、"诱惑"下的规则制定、游戏中的百味人生、矛盾冲突引发悬念设置和权力下放后的观众参与。陈丹的《电视媒体的声音传播力量——以〈中国好声音〉为例》认为该节目是一档以"声音传播"为特点的娱乐节目,其"以声音为内核"、以"视像为辅助"的内容构成颠覆了视听平衡的影响表现原则,以对"声音"的评判作为节目推进的主动力,严格控制"故事"的泛滥,《中国好声音》做到了真正的"娱乐"而不是"愚乐"。

3. 对"好声音"成功原因的分析

宋瑞《〈The Voice〉与"梦通道"——透析"好声音"的成功原因》,认为该节目的成功原因主要在:与众不同的游戏规则吸引眼球;极具电视化的表现效果为受众提供了一场别开生面的电视秀;首次采用制播分离,不仅打开了多重合作空间,同时也保证了收视率的持续上升;同时,也反思了该节目把"梦想"作为节目唯一的噱头和无限放大的可能性后果。杨洪涛的《论歌唱类真人秀的成功要素——兼谈浙江卫视〈中国好声音〉》分析了该节目成功的原因主要在于其制作理念的专业性,选手的感染力、控制力、辨识度和自信心,评委层面的权威性、多元化、表现力和亲和力,环节设置上的戏剧性包括悬念感、冲突感、落差感、偶然性、巧合性等。

4. 从文化价值的角度

付兆欣的硕士论文《论电视真人秀节目的社会文化价值》以真人秀节目的"社会价值"和"文化价值"作为文章的论述主题,表述电视真人秀节目如何满足当下社会文化需求,提出社会文化诉求日益多元和真人秀节目如何发挥社会文化价值,从而引出真人秀节目承载的社会价值和文化价值,并联系具体节目实例从社会学、文化学的视角分别阐释节目的社会意义和文化品格。关欣的《电视音乐节目〈中国好声音〉的价值辨析》,认为《中国好声音》的特色价值在采取盲听盲选的新奇赛制,顺应了人们对真诚、公平、平等的期待心理,让声音成为选手晋级的唯一标准,其最大价值特色在于"文化创新",将文化内涵的传递融入音乐中,迎合大众审美文化需求,产生鼓励社会积极向上的感召力量,让大众在感受音乐带来精神愉悦的同时,也感受到音乐文化思想等正能量的强烈冲击,其对音乐与文化关系的把握主要体现在圆梦、励志和音乐大众化方面。

5. 从情感传播的角度

梅娜、王权的《从个体化修辞到"想象的共同体"——以〈中国好声音〉为例》从心理学、文化学及人类学的视角,对这档独到的"情感大戏"本身的情感建构方式与建构路径进行深入的追踪,着重分析节目如何通过巧妙的故事设计进行"移情共鸣"、如何推动传统选秀节目由偏重个体化情感表达转向情感"想象共同体"的建构。张兵娟的《互动仪式中的情感传播及其建构——以〈中国好声音〉为例》分析了《中国好声音》的成功在于打造了一条"互动仪式链",从而唤醒了情感、激发了情感,使情感的正价值、正能量得以传播。通过"互动仪式"这个舞台,一方面营造了新的真诚、平等、尊重的互动情感空间,另一方面也展现、传播、建构了一种新的情感文化,在塑造情感文明、推动社会团结、建构公共情感方面发挥了重要作用。

6. 从艺术审美的角度

万小谈的《〈中国好声音〉超越选秀的人文化审美》一文认为,其在文化构成元素的艺术性、节目内容的情感体验性、专业精神与人文内涵的品质性三个层面上,较其他综艺选秀节目更为突出、完善和精彩,分别表现在:审美话语,体现了文化元素的艺术性糅合;审美策略,体现了歌唱本质的情感体验回归;审美品质,体现了专业主义与人文价值构建。王俊秋的《从艺术审美到功能性审美——〈中国好声音〉与电视栏目的功能化建构》认为节目从艺术审美向功能性审美拓展,功能性审美强化了节目的叙事性,强调审美过程的有用、有利和目的性,以及观众从中获得的审美愉悦,并在一定程度上缓解了社会心理的暴戾情绪。

王新平的《审美愉悦与思想价值之共生——对当前电视娱乐节目的伦理思考》一文认为,当前电视娱乐节目伦理失范现象存在,"泛娱"导致主流价值虚无,娱乐商品化带来节目的低俗化,严重妨碍了社会主义核心价值观的构建。电视作为公共资源应更多地承担社会伦理责任,弘扬社会主旋律,追求审美中的积极娱乐,传递当下社会主义主流价值观的正能量,即达到审美愉悦与思想价值共生之目的。陈书江的《〈中国好声音〉中的对话审美》认为,该节目展示了音乐艺术和对话艺术,通过对节目中的对话进行审美,探讨了导师的盲选、主持人的巧妙穿插、选手和导师之间的沟通交流及导师与导师之间的幽默等方式的作用。

(二)中美真人秀或"好声音"的比较研究

对中美真人秀或是中美"好声音"的比较研究,现有的文献相对较少,通过梳理发现以下对中美不同情况进行比较的文献有助于本研究在后续研究叙述伦理的过程中打开思路,特别是对叙事策略、叙事价值、意识形态和伦理异同的思考和判断很有启发性。

1. 关于节目内容的比较研究

潘攀的硕士论文《中美选秀真人秀节目比较研究》分析了真人秀在欣赏性与价值观之间做出平衡的努力,选取中美热门节目,从国情、文化背景、比赛规则、节目表现形式、选手范围、节目模式、经营策略和技术差异上做了系统分析比较,阐述了不同文化对电视节目的不同影响。

王婷的硕士论文《我国"选秀类真人秀"节目的现状及发展研究》在比较研究的视角下,基于理论模型,从人物元素、动力元素、结构元素、细节元素、包装元素五个真人秀节目构成元素入手,对中美真人秀节目的节目元素进行了比较研究,探讨中美"选秀类真人秀"节目的发展概况和不同节目元素上存在的差异,并从中美文化、伦理道德、产品内容和市场营销等多个维度分析中美"选秀类真人秀"节目差异化的原因。

2. 关于叙事策略的比较研究

王卉、王国旗的硕士论文《中美"好声音"节目中赞美和批评策略对比分析》以《中国好声音》中的 6 期与《美国好声音》第二季中的 6 期,共 12 期节目中的赞美与批评性语料建立封闭语料库,以言语行为理论、礼貌理论及霍夫斯泰德的国家文化维度理论为基础,对语料库中 1012 条中美"好声音"节目中评委对选手的赞美与批评策略及选手回应方式进行了对比分析,作者归纳了赞美和批评的策略、类型以及选手接受程度等。胡小兰的《析〈美国好声音〉节目中的明星建构》可以帮助我思考"明星建构"作为叙事目的之一的过程中存在哪些伦理问题,并进而反观《中国好声音》的表现。该文认为《美国好声音》以生产明星作为获取利润的手段,该节目中的明星是由制作方和观众双方在相互的权力纠葛中建构出来的。在该节目的制作和流通过程中,充斥着节目制作方的意识形态和观众意识形态的较量。

程耿金妍、冯尚钺的《"好声音"中"好故事"的叙事学分析——以〈中国好声音〉为例》,将《中国好声音》看作是一个由不同的叙事文本组合而成的嵌套式结构的大文本,以其叙事素材为入口,把事件素材分成音乐、梦想、家人、爱人、家乡、挫折和金钱/荣誉来考察,把故事整理成"选手—导师"竞赛主题、"挫折—梦想"主题和"家庭—情感"三大类,并就这些素材中的每个事件元素进行深入叙事学分析。该文认为,与《美国好声音》相比,《中国好声音》在"好故事"文本中的"家庭—情感"主题具有强烈的中国特色,更强调家庭伦理价值,强调励志向上等光明面;而《美国好声音》更多凸显选手个人的"竞赛"元素,突出选手的个人特色,更不会出现大段的诉苦和悲情场面。

3. 关于价值观的比较研究

彭可希的硕士论文《电视真人秀节目中的文化价值观研究》,梳理了电视真人秀节目的发展脉络,探讨了这样一种节目类型在中国根植的环境,初步阐释了中国传统文化价值观以及社会主义核心价值体系,从中美两个电视真人秀节目的对比分析中得出了电视真人秀节目要在多元的文化生态环境中,坚持社会主义核心价值观,以及依靠整合电视文化表现形态,重塑电视真人秀节目形象的结论。杨佩、张杨河的《从中美选秀节目看文化价值观差异》认为,电视节目表现形式的异同折射出文化价值观的异同,通过对中美选秀节目《中国好声音》和《美国偶像》的对比性分析,揭示其中显示出的中美文化价值观差异。

4. 关于意识形态的比较分析

夏颖的《媒介神话的建构与解构——*The Voice* 全球化传播的文本意识形态分析》分析了中国文化语境中"平凡人创造梦想"的内涵意义,后面又意指着"明星是神化的人,拥有非凡的权力"这一神话。这一神话放在中国社会文化语境下,则可以解读为"媒介创造了平凡人改变命运的机会"这一意识形态,展示大众媒介无所不在的力量。而在美国语境下,《美国好声音》更多体现的是"爱音乐等于享受人生"的内涵意义,后面则隐喻着"专业精神取向是艺术的最高准则"这一神话,又演变成"容许并培育多样性的音乐形式存在的美国社会是一个文化自由开放的国度"这一意识形态。对《美国好声音》和《中国好声音》的意识形态解读,是基于其特定的文化背景和社会历史习俗的。这一区别可以体现在《美国好声音》在叙事中充分注重音乐专业性的知识传递,突显了音乐家的专业权威性和节目的专业品质;而《中国好声音》则是在人物个人故事上营造悬念,突出个人成功的不易,忽视了对选手专业性的点评。由此我们可以看出,相较于《中国好声音》叙事中个人成功的戏剧性和机遇性,如有时我们认为非常优秀的选手却未能获得成功,《美国好声音》试图构建一种更具有普世性价值的意识形态体系,即利用专业性的艺术品质营造叙事的合法性逻辑,突出比赛的公平性和合理性,使得这种意识形态的传播更具有说服力。

(三)对中国流行音乐的思考及其文化意义

《中国好声音》的文本从一定程度上说,是一个大的"音乐"文本,音乐作为叙事元素的权重是较大的,对音乐有一定认知和理解以及理解音乐的意识形态作用是分析节目的前提。为此,我们需要认真思考中国流行音乐在当代的位置及其文化影响和意义。

1. 文化研究的视角

周晓燕的博士论文《文化视阈中的中国流行音乐研究》在文化研究的大范畴中梳理了中国流行音乐文化的内在价值,分别从消费、技术、意识形态、审美四方面展现中国流行音乐的现代性特征,她以中国流行音乐传播媒介及其隐喻功能作为研究对象,通过描述与阐释中国流行音乐发展中关于大众的身份、技术与人文精神、流行音乐文化与传媒的论争,发现中国流行音乐文化开始沦为技术得以呈现的手段,通俗娱乐审美范式兴盛。中国流行音乐文化日渐成为解放大众的媒介,呈现出令人欣喜的现代文化形态,另一方面,技术日渐成为一种新的文化霸权主导流行音乐文化的发展。中国流行音乐还处在仅以高雅和民族素材做点缀的"文化粘贴"阶段。当下中国流行音乐文化传播过程中现代性与后现代性复杂交错,两者之间既有矛盾紧张的一面,也有关联甚至合谋的一面。流行音乐是一种审美意识形态;当代中国流行音乐文化公共领域逐步形成,审美批判范式初步发展;中国流行音乐"媚"趣味逐步发展成为一种较为普遍的大众审美经验,艺术自律是当代中国流行音乐审美创造性突破的前提条件。

2. 价值分析的视角

李燕的《电视传媒视域下的流行音乐回归——以选秀节目〈中国好声音〉为例》认为,"好声音"区别于其他选秀节目的最大价值,是其对于流行音乐的解读与判断融入了节目的整个过程,在这个舞台上,观众从对以往选秀节目中"看热闹式"的单纯听歌方式升级为对流行音乐的欣赏与评价。崔莉的《试论电视传播中音乐与情感的共鸣效应——以浙江卫视〈中国好声音〉为例》认为,《中国好声音》凭借着新颖的音乐交流模式和饱满的情感传播过程实现了自身的飞跃,重新赋予音乐选秀节目以最原始的意义:以真情打动评委,以声音征服听众,在音乐传播与情感传播同步实现的过程中,引发互动,激发共鸣,相互感染,分享感动,传递音乐之真、艺术之美与人情之善。它的创新与突破就在于回到了本真——音乐的本真和情感的本真。

3. 声音政治的视角

周志强的《唯美主义的耳朵——〈中国好声音〉〈我是歌手〉与声音的政治》认为,《中国好声音》与《我是歌手》的多体混杂乐风,日益像是欲望胀满的摇滚;而杂耍一样的幽默感与"发烧友"式的"high歌",令"声音"

变成一个失去了国家隐喻和文化内涵的符号。在这里,声音被作为一种独立的形式来谈论,被抽空了意义,变成了音乐的商品拜物教的存在方式。同时,两档节目重整了声音的秩序,歌曲的情调和激情被锁定在唯美主义的耳朵里面。这种去政治化的方式和抹平体验的机制,正是当前中国娱乐文化伪经验生产逻辑的典型方式。而这两类娱乐节目的成功,预示着中国娱乐文化经验贫乏时代的到来。人们自觉地选择那些可以激活情感记忆的浪漫或者激动的声音,而不自觉地拒绝了批判性的声音。抹平记忆和剔除声音的政治内涵,成为这两档节目的共同效能。

(四)"好声音"与叙事理论相关的研究

在文献梳理的过程中没有发现专门用叙事伦理来分析"好声音"的文章,但叙事伦理离不开对叙事和伦理的理解和审视,故此我们也需要对现有叙事视角和伦理视角的文献做好分析,以此为基础进一步展开研究。

1. 探讨"好声音"如何叙事

袁舒怡的硕士论文《〈中国好声音〉的叙事学分析》从叙事学角度对《中国好声音》进行个案分析,以叙事理论及其延伸理论——电视叙事学为理论依据,结合符号学和受众心理学,主要采用文本分析法,通过对《中国好声音》的文本分析,从节目的叙事特点、叙事方式、叙事策略等方面对其进行电视叙事学探讨,提出节目叙事应摒弃过度煽情、合理运用"故事性"和减少导师提问的设计编排的建议。李宁的硕士论文《叙事学视角下的〈中国好声音2〉》选择从内在视角审视这一节目,以传播学5W模式为基本分析架构,从理论和方法上借鉴叙事学,挖掘《中国好声音2》的表层结构及深层结构、探讨节目中的矛盾体现和隐喻内涵、分析理清节目故事的逻辑关系、以简化公式的形式探讨悬念设置等,进而回答研究的核心问题《中国好声音2》是如何叙事的。

2．文化符号学的视角

谢鹏鹏的《对〈中国好声音〉的文化符号学解读》认为，作为一个产生符号意义的商品，《中国好声音》归根结底是一个由草根主演，精英评委把关，符合主流意识形态审美需求的电视节目，它借着大众的身体，向大众传播对亲情、友情、爱情应持有的感恩信念，倡导积极向上、追求梦想的生活理念，传达声音为本、不拘一格降人才的公开平等观念，而这些恰好是主流意识形态所倡导的。如果按照皮埃尔·布尔迪厄的场域理论来对其进行深层解读会发现，隐藏在其文化场域内的意识形态大致有三类：主流意识形态、精英意识形态和商业意识形态。刘小波、樊冬艳的《符号学视阈下〈中国好声音〉之文化现象解读》认为，《中国好声音》是一档"大型励志音乐评论"节目，该文在符号学视域研究这一文化现象，用符号学之伴随文本理论，分析《中国好声音》携带的大量伴随文本：副文本、型文本、前文本、元文本/链文本、先/后文本及深层伴随文本。

3．话语批判的视角

常阵卿的硕士论文《话语理论视角下的中国选秀节目解读——以〈中国好声音〉为例》以后现代主义大师米歇尔·福柯的"话语—权力"理论为切入点，深入探讨《中国好声音》这档选秀节目各参与方之间的权力关系，对"梦想"这一被反复提示的话语进行解读和反思，认为"梦想"本是人类应当受到尊重和鼓励的美好愿望，是推动个体不断发展进步的强大动力。但是在电视媒介选秀市场上"梦想"话语被滥用和曲解，其神圣性被冲淡，认为不能将梦想的实现寄托在一档高度商业化的电视选秀节目上，《中国好声音》无论具有怎样的制作水准，都不可能是"梦想"的出路。

4．从"故事"的视角切入

潘章仙的《〈中国好声音〉和电视传播的叙事性元素》认为，《中国好声音》的叙事性主要表现为时间和空间悬念的设置,学员与导师、观众与表演者之间的互动,学员们煽情的音乐梦想故事,音乐本身的叙事性等。张彦会的《〈中国好声音〉热播的叙事学分析》认为,《中国好声音》正是借助一种复杂的叙事结构来讲述一个个与好声音相关、从好声音传播出去的精彩故事,通过"学员讲故事""导师引故事(煽情为主)""观众听故事""媒体挖故事""制作方圆故事"的方式来完成节目的叙事。

范例《试析综艺节目的故事化趋势》认为,《中国好声音》用故事吸引观众,主要表现在悬念化的叙事设定、冲突化的戏剧表达、细节化的情境呈现和互动化的现代传播上。俞磊的硕士论文《故事化叙事模式在电视综艺节目中的应用研究——以〈中国好声音〉第一季节目为例》,通过剖析《中国好声音》第一季节目,分析该节目如何运用"故事化的叙事模式"进行电视娱乐节目的制作,并试图探索出这种模式的制作规律,为其他电视综艺节目的制作提供借鉴。

5. 从叙事策略的角度分析

俞敏武的《〈中国好声音〉叙事策略分析》认为,"好声音"的叙事策略主要表现在以下三个方面:参赛选手,摒弃海选,实力优先,前台展示,后台煽情;音乐导师,双重身份,品质为上,人文关怀,真情流露;镜头语言,运动自如,生动自然,化繁为简,剪辑到位。程耿金妍的《"煽情"是如何打动我们的——〈中国好声音〉"煽情"的叙事分析》一文从叙事素材、叙事节奏、叙事角度以及观众参与二次叙事等方面来分析该节目如何煽情。夏颖的《论真人秀节目人物塑造的叙事技巧和策略》,讨论了叙事主体展示人的重要性,多样的人物特质构成了叙事的悬念和动力,丰满的人物创作满足了受众心理期待,人物命运的转换融合了真实和虚拟;叙事策略是以人物为表现的重心,从关注过程到关注"人",从模式化人物到多样性人物的塑造;叙事技巧表现为人物展现的手段,真实记录并展现细节的力量,现场追述的使用做好叙事时空的转换,以长线叙事缝合虚假和真实的界限。

(五)"好声音"与伦理理论相关的研究

对真人秀节目或是"好声音"价值观的讨论,是分析其伦理指向的基础,也有较多的文献进行了多角度的思考,有助于本选题后续对伦理价值的讨论。

1. 从文化价值观的角度分析

孙崧的《浅析音乐综艺节目的价值观传播——〈中国好声音〉热播引发的几点思考》认为,激发情感、思想引导体现了综艺节目的价值观,做好价值观正面引导应做到:设置好的节目形式,让观众觉得有趣;设置比赛规则,让观众觉得公平;讲述真实故事,让观众觉得感人;锻造追梦的主题,让观众觉得励志。方东华的《是什么力量震撼着我们的心灵——〈中国好声音〉节目价值理念解读》,用独特的评价标准、平民化的角色定位、多方面的故事铺垫,高举社会主流价值观的大旗,倡导公正、平等、自强不息、昂扬向上等价值理念,丰富了选秀节目的精神内涵,成功打造了一档励志阳光型节目,其主流价值观与娱乐节目成功融合。

2. 从社会责任的角度分析

程雪的硕士论文《过度娱乐化背景下电视娱乐节目的社会责任探析》认为,在电视节目制作水准飞速发展的今天,虽然收视率及满足观众需求很重要,电视娱乐节目仍要承担其本身社会责任。李苗苗的硕士论文《中国真人秀节目的价值失衡与价值更新——论真人秀与主流价值构建》认为,真人秀自身所裹挟的多元价值冲突引发了电视媒介的价值失衡,也促生了电视媒介的价值更新,在电视媒介构建主流价值的内在要求引领下,真人秀规范健康地发展,可以成为电视媒介整合社会价值观的载体。

3. 伦理思考的角度分析

(1)娱乐与伦理的关系视角

杨新磊的《"娱乐化"的"去伦理化"本质及忧思》认为,"娱乐化"背弃媒介的道德使命与伦理认同,"娱乐化"产生诸多伦理问题,如资本与商业迫使传媒唯利是图、人文关怀缺席与失语、娱乐化立场的反道德化。传媒伦理与人文关怀不仅关涉传媒自身的建设,也事关当前我国社会的道德建设大局。邓名瑛、谭平剑、邓红华的《关于娱乐传播的伦理思考》认为,娱乐传播中的伦理缺失主要表现在与性有关的伦理问题、涉及暴力的伦理问题、媚俗倾向问题和滥造"明星"问题,由此提出娱乐传播应有的伦理准则,即传播自由与社会责任相统一、功利主义与人文精神相统一和娱乐功能与审美功能相统一。

徐帆的《娱乐专业主义:基于〈中国好声音〉的解读》,基于《中国好声音》幕后工作的参与性观察和反思,梳理另一专业性之生产活动在中国电视界的现实路径,特别是在节目模式、生产机制、制作团队、市场博弈等操作层面的生动展现,并由此指出:娱乐专业主义的实践,在中国电视界仍处于起点,需要更多的同行者。时统宇、吕强的《抵制电视节目低俗化的道德哲学》认为,电视节目内容的生成是在公权力部门、电视节目传播机构和观众之间的博弈中完成的。媚俗是电视工业得以顺利运行的润滑剂,社会公权力部门有责任在大众传播领域对公民的道德偏好进行引导,电视节目制作主体对电视节目质量承担着不可推卸的责任。

李岩的《电视选秀节目如何解开"娱乐至死"的紧箍咒——〈中国好声音〉节目评析》认为,《中国好声音》能够获得广泛好评,首先在于它的游戏规则和选拔过程与普遍的伦理底线的一致性;人们普遍地对社会的道德底线、价值取向产生忧虑,对大众传播媒介媚俗等的批评,说明内心特别期待真诚、友善,节目在这一点上应该是切中这个脉搏的;同时也对该节目出现的问题进行了分析,主要表现在节目的宣传词不仅广告味道过浓,插播次数频繁,而且涉嫌不公平广告语;四位嘉宾既然已是"伯乐"身份,舞台上的言行也必须有模有样以为人师表。节目真的能够坚持以声音而不是唱歌人的家世吸引人吗? 从已经播出的节目看,参赛选手的故事还是被修饰过的;该节目最后环节的现场决赛受到很多批评和质疑,恰恰是因为节目有违一些基本原则和价值追求。

周晓燕的《反思新闻"反智主义"日常化——以〈中国好声音〉报道为例》,通过肯定《中国好声音》本身的节目内涵,来反思当前中国新闻报道中的"反智主义"倾向,在新闻生产层面表现为悬置知识、误读通俗和弱化知识分子身份,在受众层面表现为过分介入私人领域、忽视受众知识需求、低估受众认知能力,以及质疑大众接受高蹈价值观的能力;并认为新闻"反智主义"倾向是新闻"娱乐化"盛行的重要因素,这两者互相强化,最终导致主流媒体新闻功能的偏失,以及理性谈意义上的公共文化空间的萎缩。

(2)关于传播效果的伦理视角

尹金凤的博士论文《大众媒介偶像塑造的伦理问题研究》,研究了信息化社会大众媒介在偶像塑造中的积极作用,并分析了伴随而来的许多有待解决的问题,如物化、娱乐化、低俗化甚至恶俗化、道德人格和道德理想缺失等。当偶像被物化为引导消费的符码,具有消费功能的偶像颠覆传统意义上作为道德标杆和精神象征的偶像,则会导致物欲得以支配人性,人类心灵缺乏人文精神的观照,助长拜金主义、享乐主义和个人主义等不良风潮。

顾亚奇的《电视"秀":是博弈,是媚俗?》认为,电视秀的基础是"现实",其关键是电视传播的"间离效果",其手段是"陌生化",即通过适度的夸张、变形,调动诸多制作手段,诸如悬念、细节、特技等,营造影像奇观,让观众在"熟悉的陌生人"和"熟悉的陌生事"中感觉到前所未有的新奇、刺激和快感。玩这场博弈游戏,电视媒介必须把握彼此成交的契合点即"度",不打破观众的"真实感",否则"秀"可能适得其反丧失传播效果。

(3)关于偷窥和隐私的视角

陈华明的博士论文《当代中国大众传媒的隐私话题研究》,研究中国大众传媒中的隐私话题,分析探讨当代中国大众的心理和生存状态,从而肯定尊重和保护大众的私人话语权,同时规避传媒的低俗化倾向,采取正确的舆论导向,引导大众正常的情感宣泄与价值取向的做法;隐私话题不仅对我们认识中国社会的发展具有理论价值,也能确立媒介逻辑的合法性与合理性,以建构良善的公众秩序和话语体系,协调公共领域和私人领域。

庄园的《真人秀满足了谁?偷窥管里的欲望释放》认为,偷窥这种私密的个人行为,通过电视这一大众媒体,得到了合法的默许,节目公开兜售选手隐私的做法,也是获取高收视率的关键法宝;节目本身的环节设置也无法避免"隐私外露"的发生,真人秀的"真"要求参加节目的选手必须尽可能地将自己全面而且真实地展现在观众面前,选手的种种隐私在游戏环节的"掩护"下成为吸引观众眼球的重要因素;真人秀本身并不是罪恶,滥用真人秀才是罪恶;真人秀本身无所谓善恶,重要的是必须在娱乐与伦理之间找到一种平衡,而这种平衡其实也是所有娱乐文化面临的共同问题。

(4)关于内容规制及其比较的视角

钟瑞花的硕士论文《中美电视节目内容规制比较研究》,阐述了美国的对电视节目内容的规制形成了一套成熟的机制,包括完善的法律、明确界定职权的政府独立机构、进行自律的行业组织及起监督作用的公民团体,这些主体之间相互制约又相互配合,还有对电视节目内容进行规制的重要途径之一的电视分级制度,由权威的法律授权行业组织制订电视分级标准。我国对电视节目内容的规制,主要依据大量的政策文件在发挥作用,实施效果有待检验。

李爱晖的《中美对真人秀节目的监管比较》,从监管基础、机构、方向和思路四个方面进行了详细的阐述,总体来看两国差异比较明显,我国不管是政府机构还是社会团体对真人秀节目的监管都还有很大的进步空间。陈玲丹的《中美广电禁令实施的合法性及有效性的比较分析》认为,国家广播电视总局针对广电传媒业界的杂乱现象进行整顿而颁布的种种"禁令"在施行过程中产生了一系列的问题,如与其他国家部门之间的职能冲突、处罚力度等,文章以中美广电传媒业的禁令规制为视角,通过对中美禁令的合法性和有效性的对比研究后提出建议:完善法律;明确国家广电总局的独立法律地位,合理划分内部部门的职责与权限;加强合作与自律;确立分类指导原则,避免一刀切,保护内容制作机构和广播电视机构的创造力和发展活力。

四、对真人秀节目"真实"与"表演"的分析

一定程度上说,真人秀具有"虚拟情境"和"真实记录"这两大特性,其"真实"与"表演"问题是最大的伦理框架问题,为此也有很多研究者看到了这一现象并做了阐释分析。

尹鸿的《解读电视真人秀》认为,真人秀节目打破了真实节目与虚拟节目的界限,最终用规则创造了虚构,用真人带来了真实。真人秀的虚实包括很多方面,游戏规则、竞赛目的、规定情境、节目加工等都是节目虚拟性的体现;而真实的参与者、不可预知的事件、竞争的现场等,则不同于虚构影视剧对剧情的控制,达到相对真实的体现。在《电视真人秀的节目元素分析》中,他提到真人秀是一种比记录更戏剧、比剧情片更真实,比现实生活更有强度、比戏剧故事更有生活质感的特殊的媒介体验。这也说明了

真人秀作为艺术文本的复杂特质,在文化意义层面上也产生了更多维度。

孙潺的硕士论文《纪实之真与戏剧之魅——试析真实电视的影像语言风格》,分析了"真人秀"电视节目的渊源——纪录电影史上的"真实电影"流派。这种纪录电影的创作观念认为,摄影机的存在对被拍摄对象的干扰是不可避免的,因而允许被拍摄对象对着镜头讲话,这不同于戏剧角色的扮演,而是由现实中真实的人物在做合理的表演,是一种"真实的表演";为了使真实的表演更能达到人物和事件存在的真实状态,甚至允许拍摄者介入镜头前,与被拍摄对象进行沟通,以挖掘话语表象背后的真实。

张佩珊的《"现场追述":连接"真实"与"虚拟"的纽带——欧美真人秀节目中的独特叙事手法研究》,作为一种将"真实"与"虚拟"相融合、混合交叉多种节目类型的电视节目形态,真人秀的叙事形式自然是将各种类型的叙事方式融合贯通,从而形成自己独特的叙事手法——"现场追述"。

董雨春的硕士论文《浅析电视真人秀节目中"真实"与"秀"的关系》,分析了真人秀节目的构成元素为"真实"元素和"秀"元素,阐释了其中体现"真实"的元素主要包括选手、竞争过程、记录过程;体现"秀"的元素主要表现在规定情境、悬念、煽情、艺术加工方面。并分析了"秀"与"真实"的融合主要体现在:选手的限定行为与本色出演的融合;选手明确的参与目的与未知的结果相融合;戏剧性与真实性的融合;规定情境与不可预见的竞争过程相融合。

庄园的硕士论文《真人秀节目虚实构建研究》,分析了真人秀节目的虚实要素,从形式追求和内容述说两个层面,提出了游戏下的虚拟框架构造和时间框架内的真实故事呈现等虚实元素构成方式,研究和分析了基于虚实特质的电视真人秀节目的文化价值,提出该类节目通过自我与扮演以及颠覆与重塑实现真实参与的大众狂欢式游戏。

第一章　中美"好声音"文本阐释的背景

在全新的媒介社会中,电视无疑还是日常生活中不可缺少的一部分,对电视的理解和研究是了解社会发展的重要向度。电视是大众文化和社会结构的重要组成部分,是维系社会发展的动力之一,是生产意义和娱乐的重要载体。本研究讨论的重点落在"从文化交流、文化差异和碰撞的角度,如何理解不同版本'好声音'文本之外的更深层次的对于社会以及个人的意义"。

中西文化碰撞在全球化的进程中越来越常见,在哲学、文化基本精神、语言修辞、宗教信仰、社会规范和文学艺术等方面都存在差异[①],我们需要厘清中西文化的差异性,双方作为文化精神内核的价值取向、道德情操、审美情趣、思维方式、宗教信仰、民族性格和生活方式等方面都有较大的不同,通过文化比较可以发现"好声音"在实践运作中存在差异的文化来源,以便更好地反映和探析其叙事伦理反映出来的问题,因此,文化比较将作为本研究一个大的理论框架和研究视角,指导研究的展开。除此之外,消费社会的理论、文化研究的理论、叙事伦理和伦理学相关的理论都是文本阐释重要的理论来源,这些理论或相关观点是研

---

① 　相关观点,可参见徐行言主编:《中西文化比较》,北京大学出版社 2004 年版。

究电视节目的基础,在此也作简单罗列,在后续的写作过程中涉及部分会继续展开。

第一节　理论框架背景相关

一、文化比较

中美的文化模式、文化传统及传承以及发展方面存在较多差异。一般来说,中国的主导文化模式是和谐、中庸与集体主义,是植根于儒学和中国传统文化的价值取向,提倡"仁义礼智信",注重人伦和社会关系。美国的主导文化模式是个人主义、个人成就、自主权利和自由是最荣耀和最神圣的;倡导平等价值观;宣扬物质主义是生活的一部分;重视理性、客观、经验证据和科学方法;重视进步和变化,认为社会不断进步,勇于前行;努力工作的主要奖励就是休闲娱乐,工作的艺术就是娱乐的艺术;竞争是美国人生活的一部分,竞争精神总是受到鼓励。[①]

霍夫斯泰德文化维度理论是分析文化差异的一个重要理论,根据霍夫斯泰德的文化维度理论,文化差异可用五个文化维度来进行描述和比较:个人主义与集体主义(指社会是关注个人的利益还是关注集体的利益)、权力距离(指权力在社会或组织中不平等分配的程度)、回避不确定性(指一个社会考虑自己利益时受到不确定的事件和模棱两可的环境威胁,是否通过正式的渠道来避免和控制不确定性)、刚性柔性倾向(指社会是否对男性特征如对"攻击性""武断"等进行赞赏,还是欣赏其他特征,以

---

① 相关观点,可参见[美]拉里·A. 萨默瓦、理查德·E. 波特、埃德温·R. 麦克丹尼尔:《跨文化传播》,闵惠泉等译,中国人民大学出版社 2013 年版。

及对男性和女性职能的界定)和短期长远取向。

中美的传播模式在文化的影响下也是差异明显。中国的传播互动偏向过程取向,重视开创、发展和维持社会关系,在人际关系中避免冲突和对抗,交流是为了沟通情感增进了解;语言编码中有隐含的"尊卑上下",敬语体系广泛存在,言语比较委婉、礼貌,看重面子;交流中以"读解"和"倾听"为主,"表达"为辅,善于注意讲话的环境。而美国传播互动更重视传播的结果,人的自主意识较强;交流更直接、果敢;善于思考表达有效性,力求表达的准确性和清晰性。

根据交流中所传达的意义是来自交流的场合还是来自交流的语言,美国学者爱德华·霍尔将文化分为高语境和低语境两种,并分别解释为文化的一种传播状态。高语境传播,在传播时绝大部分信息存在于具体的语境中,或内化在个人身上,编码模糊,注重熟悉交往对象和环境,会寻求了解背景信息来消减不确定性,热衷熟人文化,偏好委婉表达,"语境"高于"内容",善于追求"此时无声胜有声"的效果,意义与话语可以是疏离的,可以通过非语言交流,如手势、空间的使用或沉默来提供信息,看上去更拘谨,可能还会引起不够直率真诚的误解。霍尔认为中国是典型的高语境文化。低语境传播与高语境传播正好相反,而美国正好是典型的低语境国家,低语境传播需要用语言传达大多数信息,语境和参与者背景方面提供少量信息,美国人更多地依赖口语而不是非语言行为进行交流。他们认为"说出来"和"说出心里话"非常重要,他们欣赏那些语汇丰富、能够清楚而有技巧地表达自己观点的人。霍尔认为美国人与中国人在传播行为方面的差异,集中体现在对直爽和委婉的偏好上。

中国文化主要是一种伦理型文化,以孔子为代表的儒家为中国伦理道德的源头,崇尚"礼"的伦理价值,儒家传统对中国社会影响深远包括具象化思维模式、家国情怀等。西方文化在马克斯·韦伯的眼里是一种奇特的新教的伦理,它本质上是一种"精神气质",其内核是"一种要求伦理认同的确定的生活准则",由"资本主义理性"转换为"资本主义精神"的过程,用"价值生态的伦理精神"来表述"理想类型",不同于单纯的伦理道德和理性,将它还原于人类文明和人类生活的经济文化生态,透过"精神"的中介,在资本主义文明与新教伦理的价值生态中论证一种伦理类型和伦理形态。[①] 这种价值生态的伦理形态是对伦理价值的确证与坚守,在这个意义上它也可以被表述为生态人文主义的伦理形态,即在经济、社会、文化生态中对伦理价值或人文价值的坚守。

表 1-1　美国文化和中国文化的假设和价值观差异

价值取向指标	美　国	中　国
（Ⅰ）自我与个人感觉		
1. 自我的一般感知	一个独特自我的人	社会关系语境下构想的自我
2. 作为参照点的自我	鼓励自立;解决自己的问题,形成自己的观点	鼓励自立;参照点是社会关系中的强者
3. 人性	邪恶但可完善;人能改变和改进,改进是个人责任	人性本善或人性本恶;重面子和礼节;多样性;混杂性
4. 合理性;善恶;幸福与快乐;变迁	善恶观念分明;以幸福与快乐为追求目标	注重实际原则,幸福快乐有时让位于现实利益
5. 自我的文化变异	自我和个人同一;行为旨在达成个人目标	参照点是群体成员的义务网络,概括为"面子";行为旨在维护群体的亲和性与平和的人际关系
6. 自立	传统的自立仍然在坚守(但如今美国人作为组织成员时表现得很好)	不反对依附,因为依附会加强群体里的人际关系
7. 自我;个人主义	自我感知良好,自我建设相对有序;能较好地控制自我与外界的连接	自我感知有待强化;容易缺乏真正的自我意识;需要与外界产生联系的自我

---

① 相关观点,可参见[德]马克斯·韦伯:《新教伦理与资本主义精神》,阎克文译,上海人民出版社2010年版。

价值取向指标	美　国	中　国
（Ⅱ）世界感知		
1. 人与自然的关系	人与自然分离	强调天人合一，人与自然不分离
2. 物质主义与财产	公产和私产界限分明；物质主义是重要价值观	财产权概念越来越被看重，界限意识逐渐强化
3. 与时间观念有关的进步	时间飞逝，从过去到现在到未来很快；必须追赶时间、利用时间以改变和驾驭环境	时间飞逝；人与环境要和谐发展；守时；珍惜时间
4. 进步与乐观与有限福利的反差	乐观，相信资源足够每个人生活；经济是终极的仲裁	悲天悯人的情怀；知足常乐；乐观，相信未来会更好
5. 量化	强调计量和具体化	强调质的感觉
6. 比较性判断	非美国的即是坏的	不轻易下判断
7. 家庭（关系互动、权威、地位角色行为、流动性）	注重家庭但不局限于家庭；注重夫妻关系、亲子关系；家庭角色相对平等	家庭是最重要的组织单位；迷恋家长权威；流动性逐渐增大
（Ⅲ）动机		
1. 作为自我激励的成就	注重个人成就的实现；地位是自主获得的	在和谐人际关系基础上积极实现个人成就；地位部分是分派，部分是争取
2. 人格的破碎化与完整性	人格可能破碎；不需要他人人格的完整性也能接受，并与其共事	追求人格的完整性；不太能够接受人格的破碎
3. 竞争与亲和	竞争是激励的首要方法	倾向于集体认同，排斥内在竞争，又勇于竞争
4. 成就的极限	"有志者事竟成"	天道酬情；尽人事听天命
5. 社会（社会互惠；群体身份；居间身份；礼节；所有权）	社会与国家同等重要；天赋人权；阶层属性；讲究礼节；注重所有权	人是社会性群居动物；注重社会关系；讲究礼节；对所有权逐渐看重
（Ⅳ）与他人的关系		
1. 个人关系特征	朋友多，但友谊不深厚不持久；规避社会义务	人生得一知己足以；朋友是重要的

价值取向指标	美　国	中　国
2. 平等	平等是互动的前提	追求平等
3. 冲突	进行面对面冲突	逃避或避免冲突
4. 正式与非正式	非正式,直率	比较正式;社会互动有比较明显的结构
5. 角色专门化	群体成员的角色专门化	角色脸谱化、模式化
(Ⅴ)活动形式		
1. 重行动	重行动,积极行动较受珍视	身体力行,知行合一
2. 决策	决策由个人做出;每个人对群体的决策负有责任	决策由权威或群体做出;群体决策表面上看大家,但通常由关键人物做出
3. 工作与游戏	工作与游戏一分为二;看重游戏时间	工作有时高于生活,两者的界限模糊
4. 时间取向	强调未来,创造力	强调现在和过去,总结归纳
5. 超自然(人与超自然的关系;生命的意义;天意;宇宙秩序的知识)	喜爱研究超自然;喜爱量子物理与平行世界;喜爱与上帝对话;认为灵魂不灭;认为人类社会是宇宙法则的产物	持无神论;认为人的存在是有意义的;天意;天道酬勤;道生一,一生二,二生三,三生万物;了解天体运行规律

注:本表根据爱德华·C.斯图尔特"美国文化模式"图制作。

二、消费社会与消费文化

一般来说,消费社会相对于生产社会而存在,在消费成为社会生活和生产的主导动力和目标之后,消费成为一种文化现象,生产不仅仅为了满足生存的需要,而是促成或促进消费,消费成为社会的结构动力和发展逻辑之一。商品成为符号,影像和信息的影响随着媒体的不断发展而进一步被放大,通过不容忽视的生活方式的转变,改变了人们日常生活审美的情境和体验的发生状况。

让·鲍德里亚关于消费社会①的观点认为,消费者不仅消费商品的使用价值,还要消费其品牌和象征意义,这是社会整体变迁过程中的社会心理转型引起的消费形态变化。物成为符号,符号构建的意义使人们产生对符号的崇拜和追随,外在感官的刺激可以让人获得一定程度的满足,并以此换来内心的宁静。媒介提供给我们的形象、符号、信息,近在眼前又远离现实生活,与媒介的接触是巩固还是疏离了这份关系呢?对生活本真的追求,传统社会靠学习和提高修养,靠与山水为伍、与琴棋书画做伴,消费社会靠消费和体验,并以此来确认内心的重要性排序,一定程度上使得消费与社会等级、权力地位等挂钩。

日常的消费品购买和日常审美与文化感知密切相关,品牌、名牌和奢侈品等不同等级意味商品的出现,使得生活美感越来越疏离于实用性,而倾向于构建的"故事"。艺术的美感也不再忠实于传统的艺术审美和价值,技艺成为工具,内容成为框架,而符号系统成了一种判断的依据。媒介消费的转变过程在加速,媒介成为消费者合谋的理想工具。一定程度上说,在媒介消费的意义上研究媒介"秀"文化景观也不乏新意。

媒介化社会的形成,使社会各种生产消费过程都有着媒介的参与,大众传播媒介成为生活的必需品和重要的文化载体。媒介改变了人们观察体验世界的方式,通过影像化或是视觉化的媒介传输,主导了人们的感知,进而成为一种象征、一种生活方式。而媒介形态的多样化以及对多元分级,提醒我们媒介在社会中不是一成不变的,不同媒介形态的偏向构成了社会表达的多渠道意味。

如果说麦克卢汉对技术的"乐观"来源于技术统治所形成的媒介文化

---

① 相关观点,可参见[法]让·鲍德里亚:《消费社会》,刘成富等译,南京大学出版社 2008 年版。

使人类重新"部落化"的可能性,那么尼尔·波兹曼对技术的"悲观"则源于对"技术垄断"的辨析,他关注技术与话语、意识形态之间的关系及其改变人们的思维方式和话语系统所带来的社会影响。阅读是网状思维和深入体验,需要调动全身的感觉器官参与判断,而电子的传输方式是对现时的感知,是线性的思维,这个参与的过程在不自觉间让人们放弃了与历史、传统以及深度的交流,文化表面化、快餐化进而聚焦于"娱乐"。

为此,尼尔·波兹曼提出了"媒介即隐喻"的著名论题。他认为媒体本身具有一种隐蔽却强大的暗示力量,现实世界在它面前显得弱小而可塑,媒介由此影响了人们的心智模式,包括最重要的媒介语言,也成为一种隐喻,暗示了我们生活的世界的虚无,造成文化的隔阂。[①] 媒介作为信息的延伸,不管是内容还是媒介形式都会表现出特定的偏好,人们的生活方式随着媒介的发展而产生变化,进而形成文化特征。在日常生活中,我们都无法逃开媒介消费的可能性,它就在那里,不管你注意或忽视,都无法改变,媒介成了形构生活的一部分。

三、文化研究相关

文化研究起源于英国的学术流派"伯明翰学派"。20世纪60年代以来,在该学派的推动下,文化研究不断拓展它的研究范畴形成新的理论,逐渐成为有广泛影响的学术流派。随着传媒产业的不断发展,媒体领域成为观察社会文化的重要视角,由大众传媒所构建的大众文化成为其主要研究对象,同时关注传播过程中"文本"和"解读"之间的关系。

文化研究英美学派具有较强烈的批判传统,多元系统地观察社会,关

---

① 相关观点,可参见[美]尼尔·波兹曼:《娱乐至死·童年的消逝》,章艳、吴燕莛译,广西师范大学出版社2009年版。

注人们的生活方式、文化转向及大众传媒对日常生活的影响,对个人的文化属性如身份、性别和种族问题等持续保持热情,特别是对大众传媒领域在文化生产意义上的研究颇有建树。文化研究也关注文化的生产和形构所处的政治经济语境,关注文化的生产和形构同文本内部特定的意识形态表达之间的关系,关注"观众"是如何在日常生活中解读、理解和领悟这些文化实践的。文化研究提出关于权力、意识形态、主体性和文化抵抗等问题,关注日常生活、大众嗜好、语言和意义,也关注在每天的社会交往中产生意义和价值的人们的"生活经验"。

媒介文化是区别于传统社会的文化范式的,因为后者建立在相对稳定的交流系统之内,思维方式和生活方式的转变是缓慢的,社会制度和风俗习惯等都具有历史的延承性,由文化生发出来的人们的信仰、观念和习惯等也因为空间传播的阻隔而相对封闭。媒介文化在传统文化的浸润下成长,但其向度和内容上都区别于后者,由媒介所塑造的社会,不仅改变了人们的生活方式和工作方式,更重要的是,在海量的信息和数据面前,"文化"转换成符号,媒介形塑社会形态的作用越来越凸显,"数字化生存"带给我们的不仅有对数字的崇拜还有恐惧。

一定程度上说,技术是媒介发展的动因,也是形成新的媒介形态的决定性力量。新媒介使传播语境的媒介进入双向互动,传受关系的改变使得传播观念发生巨大的变革,传播开始强调互动参与,形成多元中心和去中心化的叙述方式。技术同时作用于人的思维方式和行动逻辑,进而形成文化向度,使媒介文化转向速度、消费、从众、感官和同质的社会结构,并由此引发了学界的批判声音。媒介文化使得大众逐渐消解深度和意义,在虚拟世界寻求短暂的满足。

马歇尔·麦克卢汉的媒介理论认为媒介能够直接塑造和组织文化;媒介影响渗透在社会的每一个行动和行为之中;媒介决定着我们的感知,

决定着我们的经验结构,组织着我们的生活;媒介影响世界观。媒介文化在推行社会价值规范体系与建构社会价值意识上作用明显,可以说是现代社会总文化系统中的一个亚文化子群。快感理论兴起于20世纪80年代,受苏联思想家巴赫金"狂欢节"理论的影响,大众文化的研究者们把快感看作是受众对抗等级制度和意识形态权力的重要武器,快感一时也成为受众创造性活动和颠覆行为的代名词,约翰·费斯克正是从对快感发生过程的分析入手,强调在文化工业的时代,平民受众所进行的文化抵抗,该理论在学界和业界影响深远。

四、伦理学相关

一般来说,伦理是行为中对正确与错误的感知,是建立在某些得到普遍接受的准则上的理性过程。当代职业伦理学讨论的中心是:我负有什么责任,对谁负有责任?我承担的责任反映了什么价值观?伦理学将我们从"我做事的方法就是这样"和"人们一直是这样做的"这个世界中带到了"这是我应该做的"和"这是合乎理性的行为"这个领域。伦理学是集中关注人的行为和人的价值的道德领域,讨论的是"应当如何"的问题,既研究个人的善,也研究社会的善。媒体伦理学,是研究如何运用普遍道德原则和道德规范去解决传媒运作中存在的道德问题,并据此形成媒体职业道德规范的学问,可以分为传媒制度规范和媒体从业人员规范两个向度。媒体伦理抉择体现在观念、行为中,也发生在决策和态度表现的实践关系中。

媒介对社会伦理道德的反映、促进和调整通过多种方式表现出来,包括:通过媒介平台包容多元化价值取向,销蚀道德层次和距离感,扩大公共道德空间;通过传播内容的探讨,深化道德责任、道德意志的纵向交流,将思考引向深入;通过舆论引导构建主流价值观,引领公众道德取向和道德选择;通过互动传播优化社会理念,创新社会价值观念。① 媒介与公众的道德感知及其情感判断关系紧密。布伦坦诺认为,伦理认识在根本上说也就是一种情感价值判断,一如真理的认识在于确定真理的"存在"(是)与"非存在"(否)一样,价值判断首先是对对象的"善"与"恶"的直观把握。价值既不是一种单纯的主观情感选择,也不是一种空洞的理性虚构,而是一种以人的情感经验为基础的内在自明性综合选择。② 为此,将媒体伦理学的讨论引向价值伦理学的探讨是有必要的。

(一)尼古拉·哈特曼的价值伦理学③

价值取向是使群体赖以建构价值观的路径。《道德价值》一书集中探讨了道德价值的系统、结构、矛盾、类型及关系等,组成了哈特曼价值伦理学的主体,对道德价值进行了系统的分析研究。他在具体分析一般道德价值矛盾之后,把道德价值具体划分为三大类型。第一类型是限定内容的价值,包括两个系列,即作为主体价值之基础的价值和作为价值的善物,它也是主体内限定内容的价值。前者的具体内容是生命、意识和人格化价值(能动性、折磨、力量、意志自由、远见和目的性功效);后者的具体内容包括若干特殊内容,最基本的是幸福。除此之外还包括作为基本价值的存在、作为价值的境况、作为价值的权力,以及一些更为专门的善物的价值。第二类型是基本的道德价值,它们与人的自由直接相连,包括善或善性,还有从属性的基本道德(高尚性、经验的丰富性或包容性、纯洁性)。第三类型为特殊的道德价值,其包括第一组公正、智慧、勇敢、自我控制,主要是对个人德性的一种伦理价值学概括;第二组兄弟般的爱、诚

---

① 孟威:《媒介伦理的道德论据》,经济管理出版社2012年版,第2页。

② 万俊人:《现代西方伦理学史》,中国人民大学出版社2011年版,第414页。

③ 相关观点,可参见 Nicolai Hartmann, Andreas A. M. Kinneging: *Moral Values (Ethics, Vol. 2)*, Livingston: Ransaction Publishers, 2002。

实与正直、信赖与忠诚、信任与信念以及谦逊、谦卑和疏远等，主要是对社会交往中的德性的伦理价值学概括；第三组包括遥远的爱、发散性美德和人格（使个人与众不同的内在特性）。

哈特曼认为，公正是对法律法则和平等原则的表达，是一种最大层次的或最起码的道德价值；智慧即是生活的睿智与理性，它是达到生活理性的基本途径，也是获得生活幸福的内在能力；勇敢在伦理价值学意义上表现为一种个人在价值承诺中的"道德冒险"，它既是人的道德力量强大的证明，也是人们承诺道德责任的条件；自我控制近似于柏拉图的节制概念但又有所不同，哈特曼认为，自我控制表示着一种慎重、规矩的德性，要求人们理智地选择和追求价值目标，约束自身的破坏性欲望冲动，服从某种原则，进行自我教养，类似于品格教育，注重主体内在的道德力量。[①]

（二）亚伯拉罕·马斯洛的自我实现伦理学[②]

马斯洛认为，自我实现的人是生理上成熟而健康的，其生长动机不再是一种"缺乏性需要"的满足，而是"成长或自我实现的激发之满足"，其具有一种深刻的非需要性的爱之情感，创造性是其突出特征，他同时认为自我实现只是少数杰出非凡者才可达到的卓越境界，并将个人趋向自我实现的途径归纳为："自我实现意味着充分地、活跃地、无我的体验生活，全神贯注，忘怀一切"；"做出成长的选择而不是畏缩的选择就是趋向自我实现的运动"；抛弃传统的被动环境论观点，"要倾听内在冲动的呼唤，让自我显现出来"；敢于直面问题，"反躬自问意味着承担责任"。上述四个方

---

① 相关观点，可参见 Frederic Tremblay：*The Philosophy of Nicolai Hartmann*，Berlin：Walter de Gruyter & Co,2011。

② 相关观点，可参见［美］亚伯拉罕·哈罗德·马斯洛：《自我的实现——实现人生价值的境界》，马成功编译，中国言实出版社 2005 年版。

面的综合是迈向自我实现的基本步骤。此外,还必须不断进取,必须把自我实现带来的高峰体验视为"自我实现的短暂时刻","帮助个人正确认识自己,正视自己的心理病,放弃心理防御"。他的存在心理学主要是以人的超越动机和超越需求为主题的,探索作为价值存在的人(而不只是心理的人)的发展需要和成长价值。

五、叙事伦理相关

结构主义叙事学忽略信息背后的符码,存在过度技术化、机械化问题,在对其进行反思的过程中,叙事学家开始关注叙事的伦理、审美、政治、宗教等意识形态层面。"叙事伦理"于 20 世纪 90 年代成为后经典叙事学的一个新方向。叙事伦理研究的理论资源十分丰富,概括起来主要有两个方面:一是历史悠久的伦理批评,文论史和美学史上存在大量探讨文学与伦理关系的文献资料;二是 20 世纪以来的语言学、伦理学、社会学和美学研究等。比如保罗·利科的叙事哲学、伊曼努尔·列维纳斯的他者伦理和艺术,玛莎·努斯鲍姆伦理学中的叙事伦理资源,阿拉斯代尔·麦金泰尔的德性伦理学和现象学意向性等都与叙事伦理语境相关联。

"伦理转向"和"叙事转向"的结合引出的"叙事伦理"出现多种研究方法,如希利斯·米勒(H. Miller)从解构主义伦理和政治伦理的角度研究叙事伦理,玛莎·努斯鲍姆(Martha Nussbaum)的责任说,维恩·布斯(W. Booth)的"书即友",亚当·桑查瑞·纽顿(Adam Zachary Newton)的"作为伦理的叙事"等。努斯鲍姆研究文本中伦理道德问题的焦点在于关注作品所反映的"如何生活"的伦理态度,以及作品是通过何种途径和手段来表现这种态度的;布斯等人注重研究叙事伦理意涵的"叙事",关注伦理效果,侧重伦理效果叙事机制的分析;纽顿注重叙事话语的伦理形态以及叙事与伦理之间的相互关系,探讨了文学伦理的历史转换以及叙事故事和虚构人物的伦理后果,他把叙事中的伦理看成一种艺术和技巧,而不是对日常理性伦理规则的反映和折射;费伦注重研究叙事伦理的修辞视角,认为叙事是伦理交流的工具,叙事是为了传达知识、情感、价值和信仰,可以帮助塑造读者情感、自我和生活观,发展其道德意识,帮助其理解"怎样度过一个善的人生",并提高其道德意识和灵活度;沃尔夫冈·韦尔施提出"伦理—美学"概念,谈论了蕴含于审美自身的伦理,并指出美学才是各个领域、各个学科关注的根本所在。

叙事伦理是叙事与伦理的结合,西方学者总体侧重于叙事机制的分析,中国学者侧重于伦理内涵的阐释。叙事是对人类生存的一种展示,伦理是对人类生存应然状态的一种规定。刘小枫等中国学者在"伦理批评新道路"的向度上,偏重伦理意涵的阐释,将文学叙事的技巧、形式与伦理、道德联系起来并深入探讨叙事伦理与叙事呈现之间的动态关系,认为叙事伦理学不探究生命感觉的一般法则和人的生活应遵循的基本道德观念,也不制造关于生命感觉的理则,而是讲述个人经历的生命故事,通过个人经历的叙事提出关于生命感觉的问题,营构具体的道德意识和伦理诉求。就叙事和伦理组构而成的叙事伦理概念而言,从关系的角度看叙事和伦理的组构,可以分为两个层面:纪实叙事(或日常叙事)与伦理,文学艺术叙事(或虚构叙事)与伦理。日常叙事在讲述一个一个故事中传达社群的基本规范或是对生命、世界和宇宙的理解,并指向伦理基本内涵即人心秩序的传达。[①] 叙事伦理的批评方法和研究范式,越来越受到各学科的重视。

---

① 相关观点,可参见伍茂国:《从叙事走向伦理:叙事伦理理论与实践》,新华出版社 2013 年版。

从伦理学角度看,"叙事伦理"研究的核心特征为"讲故事的策略"和抽象的伦理思考的结合,是指叙事过程、叙事技巧、叙事形式如何展现伦理意蕴,以及叙事中伦理意识与叙事呈现之间,作者与读者、作者与叙事人之间的伦理意识在叙事中的互动关系,聚焦于伦理与叙事的互动关系。由于叙事伦理研究以文艺学与伦理学这两个不同学科的交叉为前提,在具体的论证中会涉及中西方伦理问题的对话,有比较有思辨,并且形成自身独特的视角。

第二节　叙事伦理视野中的"好声音"文本

一、叙事与叙事学

伴随着广播电视的发展,叙事学自 20 世纪 20 年代俄国形式主义学家和弗拉迪米尔·普罗普(Vladimir Propp)的研究起源,经过多学科的整合推进形成了较为完整的叙事理论,虽然也有学者批评叙事理论关注叙事结构的一般性描述有"形式主义化"的倾向,但由于电视节目本身的虚拟化和形式化的倾向,该理论的分析显得重要且有用。叙事故事一般可以被分为两个部分:"故事部分",即"究竟发生了什么和对谁发生的"部分;"话语部分",即"这个故事的讲述方式"。此外"节目表"代表更大的话语框架,也就是说电视文本播出的时段影响了它的故事和话语。结构主义叙事学家把叙事学分析框架分为故事、话语和文本,故事包括结构、人物、行动等,话语包括叙事者、视角、时间和符号等;文本分为纸质文本和影像文本等。索尼娅·利文斯通认为:"电视节目为社会感知、社会归因和社会模式化研究提供了更加复杂、更自然主义的文本……把电视节目作为文本来考虑,就是认识有关意义、意义所依附的文化实践和意义理解者之间的先决条件之间复杂的相互关系。"①

罗兰·巴特认为世界上的叙事种类无限多，叙事是人类一种基本存在方式，人类自从诞生起就用叙事传递信息、传承文化。弗雷德里克·詹姆逊把马克思主义历史叙事理论与结构主义、精神分析、阐释学等批评方法结合起来，把叙事定义为"一种社会象征行为"，即将叙事看成对社会现实矛盾的想象性投射，认为叙事既是审美形式，也具有强烈的意识形态性，叙事使事实（或故事）进入虚构，产生伦理价值和意义。②

叙事学传统旨在探索一切叙事作品的共同规律，我们可以深入探索叙事的诸要素与伦理的关系，将叙事视为一个伦理交流行为，综合考察叙事主体、叙事文本、叙事接受的伦理维度，考察情节结构、视角与人称、叙事时空等作为叙事文本要素如何体现隐含作者的伦理引导，如何更新、重构"作者的读者"（即艾科所谓模范读者）的伦理反应等。③ 叙事一定程度上说属于一种以讲述故事为核心的传播行为，从传播学视野看，电视节目的叙事活动包括叙事主体、叙事文本、叙事受众（叙事读者与评价者）以及表达的方式等，对应传播者、传播内容、受众及传播形式等，形成一个传播交流的循环。艺术叙事中的叙事伦理所涉及的问题较为复杂，需要对叙事文本中呈现的复杂的伦理现象展开分析和判断。一般认为，好的故事具有伦理内涵和价值意涵，能够传递触及心灵深处的能量，从而起到塑造人格的作用。

根据分析阐释热拉尔·热奈特叙事"三分法"故事、叙事和叙述，米

① 相关观点，可参见［英］索尼娅·利文斯通：《理解电视——受众解读的心理学》，龙耘译，新华出版社2006年版。

② 胡亚敏：《论詹姆逊的意识形态叙事理论》，《华中师范大学学报》（人文社会科学版）2001年第6期。

③ 刘郁琪：《"叙事学新发展"还是"伦理批评新道路"——叙事伦理的提出及其理论价值》，《江汉论坛》2009年第7期。

克·巴尔的文本、故事和素材,巴赫金、福柯等把话语理解为意识形态和世界观的载体的理论,鲍里斯·托马舍夫斯基把叙事区分为故事和叙述,把整个叙事看作故事和故事的讲述,考虑到话语涵盖技巧、形式、意义和内容的因素,结合中国语境和电视节目播出环境,本书也沿用按照叙事学有关文本"故事"和"话语"(叙述)两个层面的划分法,并在后续对中美"好声音"展开"故事伦理"和"叙述伦理"的阐述分析。

二、电视叙事的独特性

根据约翰·埃利斯的看法,电视叙事通过片段完成,也就是相对自立门户、彼此不相衔接的一个个场景,他认为电视叙事通过片段交替进行,使得电视叙事成系列,节目的进展一般呈现多维结构而非单纯线性发展,使得人们无法分辨现实与虚幻之间的界限,提供系列的困境式的精神感官。电视给人们一种幻觉,仿佛我们可以与它交流互动,让人们沉浸于电视所营造的情境之中,而非在观看另外一个自成系统的叙事空间。

电视是典型的"情感娱乐型"媒介,真人秀叙事作为跨媒介叙事,具有特殊的情境。叙事作为传播过程预设了发送者和接受者,发送者包括真正的作者、隐含的作者和叙述者,接受者包括真实的受众、隐含的受众和叙述对象。电视叙事总体上是通过表演被体验到的,受众成员以某种解释的方式来回应,进而参与交流。英国流行音乐评论的代表西蒙·弗斯认为,流行歌曲的叙事为粉丝们提供了一条通路,即通过感性的音乐语言将私人体验变得普及[①]。从叙事伦理的角度来讲,叙事伦理是一种形式

---

① 转引自刘强:《论音乐媒介化与审美价值的重构》,《杭州电子科技大学学报》2015 年第 6 期。

伦理和价值伦理,本书基于叙事活动与伦理价值的内在联系、叙事活动道德和秩序性的差异,以及"叙事"具有建构价值秩序之功能的认知,探讨文本实践的伦理效果和意义认同、叙事的各种要素如何构成文本的伦理框架、叙事策略在何种程度上并且如何成为伦理行为。

三、叙事伦理的指向

伦理是对人的应然存在方式的解释和规定,伦理学的伦理思考站在现实立场思考人的关系。伦理学属于价值科学,它关心的是价值及其实现的问题,注重各种关系研究,理解生活艺术化的过程以及对现实产生的影响,通过对文本意义与效果的追问、比较,来思考社会、文化和历史的价值选择过程,来确认文本的价值体系。媒介力量,伦理绝非大而无当、空洞虚弱之物,它不仅提供日常操作的禁忌尺度,也建立充满敬畏的内心评判。更为重要的是,所有这些都会成为合力中的一种平衡和牵引,改变着我们生活的这个世界。[①]

一般来说,叙事伦理分析的对象主要为虚构伦理。虚构伦理有自己的规则和秩序,遵循虚构世界的逻辑和价值原则。艺术内含着道德价值功能,常常通过故事和人物引导人类的情感,影响我们看待世界的方式。根据对叙事伦理的理解,结合"好声音"节目的特点,我们要分析现代社会所遭遇的价值危机和主体间交往困境,现代人对价值的理解和伦理的认同,节目伦理与社会、审美、政治、文化的关系,叙事伦理与规范伦理或日常伦理的区别与联系,文本消费的伦理诉求或快感,趣味的弱伦理满足,以及话语权力与伦理的关系等。

---

① 有关观点,可参见[美]克利福德·G. 克里斯琴斯(Clifford G. Christians)、马克·法克勒(Mark Fackler)等:《媒体伦理学:案例与道德推理》,孙有中等译,中国人民大学出版社 2014 年版。

叙事文本通过什么文本技巧,在什么特定的写作和阅读语境将特定的道德价值和规范主题化、问题化或者强化,以及文本如何在质疑这些道德性的时候彰显出自身的伦理价值,对文本做仔细的修辞和叙事学分析,并在此基础上做伦理讨论是较有意义的。[①] 叙事伦理学关注叙事中的技巧、方式方法、内容所生成的伦理姿态对解决和处理问题的作用,从康德的"美是道德的象征"到伦理审美化,对真人秀节目来说,前期节目的设计和后期剪辑的取舍,都体现着意识形态影响,如何保持基本的伦理关怀,把叙事原则上升到伦理的高度,在叙事时遵循叙事伦理原则或曰叙事中的"职业"道德是需要思考的问题。

纽顿认为叙事的"讲述"(saying)层面更能体现伦理之精髓,因为"讲述"体现了作者与读者、叙事者与受述者这些主体之间的关系,"讲述"行为除了产生叙事形式之外,"还是承诺、责任、风险、礼物和牺牲"[②],在叙事进程中离不开阐释判断、伦理判断和美学判断。由于修辞伦理模式更注重研究文本自身形式与伦理意味的关联,费伦认为叙事中包含四种伦理情境:故事世界里的人物的伦理情境;与讲述行为直接联系的叙述者的伦理情境;隐含作者的伦理情境;有血有肉的读者的伦理情境。他还提出以下四个研究层次:人物之间的伦理位置(内容的伦理);叙述者与人物及受述者的伦理位置(讲述伦理的第一层);隐含作者与叙述者、人物及作者的读者的伦理位置(讲述伦理的第二层);实际的读者与以上三个位置的伦理位置(文本伦理与读者伦理之间的对话)。[③]

---

　①　唐伟胜:《文本·语境·读者:当代美国叙事理论研究》,世界图书出版社 2013 年版,第 229 页。

　②　相关观点,可参见 Adam Zachary:*Narrative Ethics*,Cambridge:Harvard University Press,1995。

　③　James Phelan、唐伟胜:《"伦理转向"与修辞叙事伦理》,《四川外语学院学报》2008 年第 5 期。

四、"好声音"中的叙事结构、范式、意涵、视角和模式

人是自觉解放自我的生命体,人的基本属性即人性。在传播艺术领域,叙事是一种存在和传播方式,从叙事的历史来看,我们最初感受到的是神话模式,后来发展成史诗;从创作层面来讲,我们也熟悉从传奇到长篇小说的过程。电影和电视则成为这个时代最重要的叙事媒介,影像叙事夹杂着客观和主观的描述,不同的视角、框架和语言呈现着不同的意识形态。真人秀的叙事是从生活真实到艺术真实、从纪实影像到美学影像的过程,其艺术价值不仅存在于作品本身,更要经过时间和历史的检验。我们要用发展的眼光来看待作品价值,同时也需要通过相关的专业评论家、鉴赏家和普通观众等的反馈进行全面的观照。

(一)叙事结构的简析

我们用形式主义叙事研究的三个主要对象故事、叙事者、叙事话语来简单地分析"好声音"的叙事结构。"故事"涉及事件、人物、情节和环境等元素。"好声音"从总体上来说讲述了选手如何晋级获胜的故事,怎么讲才有吸引力才有趣,结合真人秀节目特点,选手是主要的叙事者,还包含了导师、主持人等其他元素对叙事的影响和回应。节目中的"人物"众多,除了讲故事的出品方和播出方之外,还有所讲故事中的不同身份的选手,出现在这些选手所讲之故事中关联的人,也是故事的补充叙事者。选手的双重身份构成了故事的多重结构:既是整体节目故事里的人物,又是自己故事的讲述者,真人秀节目的故事包含着选手们的故事、导师们的故事,又包含着选手和导师间的故事等,而所有这些故事都是节目作者直接或间接讲述的。故事的内容主要是由"情节"的构成,例如演唱环节、导师点评环节、交流环节、选手选择导师环节、指导环节和准备环节等。发生

这些故事情节"环境"也是具有多重意味,从宏观到微观的环境有:一是真人秀节目发展的客观环境和节目播出环境;二是节目录制现场;三是节目内容制作中的场外环境;四是故事传播的不同场景,这些叙事场景构成了整体的环境。

"叙事者"包括多重角色,节目中的主要叙事者有:节目制作方和播出方,它是全程叙事者,从节目环节、人物、故事的选择和设计到呈现方式的选择,都由它来完成;第二层面的叙事者主要是节目中的选手、导师、主持人和家人朋友等节目参与者;最后是与故事中的出场对象不同的叙事者所讲述的故事有交叉的人,他们代表了不同的叙事身份、叙事立场、叙事角度、叙事方式和叙事目的。

"叙事话语",是叙事元素的重要一环,主要是叙事主体如何叙述并进行信息的传播,以大故事套小故事,通过音乐、对话和影像等多重话语模式联结多维叙述,与人物形成多重结构关系,通过不同的叙述手段如顺叙、倒叙、插叙等的安排,对比赛事件的情景再现,对选手故事进行理解、描述和评价,对文本的阐释、判断、评价和总结构成了总的叙述方式。

(二)叙事范式的差异

沃尔特·费希尔认为所有的传播都是叙事,人性是植根于故事和讲故事上的;人们会根据故事是否合情合理或者理由是否够好而决定接受哪些故事,拒绝哪些故事;很多因素会影响人们的选择和他们对好理由的判断;理性取决于人们对过去经历的故事中表现出来的内在一致性和可信性的感知;人们对世界的体验由一系列备选故事构成。中美"好声音"叙事范式的主要差异表现在:《中国好声音》把故事作为结构叙事的一部分,在文本的显眼处呈现,对故事的挖掘和重视程度较强;而《美国好声音》对故事的态度相对随意,通过文本叙述(对话)讲述的选手故事比较少,表现的方式也不浓墨重彩,而倾向于自然呈现,结构、材料和角色的一致性和逼真性上略胜一筹。

信息过载和碎片化的感知让现代人焦虑,互联网络的及时互通使我们逐渐失去感知传统叙事的能力,高调渲染却又真假难辨的真人秀节目混淆了我们的视线和判断。真人秀节目是窥视社会心理的窗口,也是一种特殊的艺术现象和审美文化现象,影响着人们的生活方式、审美方式及生活观念等。本书主要是对中美"好声音"进行叙事伦理层面的比较分析,从中美"好声音"的叙事视角、叙事手法和叙事空间的运用等方面出发,分析节目中的人物是如何做出伦理选择和价值判断的,进而表现出怎样的审美价值。

(三)叙事视角的比较

《中国好声音》运用类型化的叙事,在主旋律的大背景下,探讨特定的叙事主题,设置不同的角色形象,通过类型化叙事,将节目中的个体置入与主题相关的二元矛盾中,通过赋予选手特定的背景、动机、行动及结局,让观众在对节目中的人物产生带入和移情的过程中对节目主题进行思考和认同。总体上来说,"好声音"文本的叙事者群体化特征明显,叙事视角既有宏大主题也有个体叙事,叙事视野专注本土文化,故事模式从追求真实转向追求新奇,叙事结构紧凑。在共同模式的节目框架下,中美"好声音"还是存在较多差异,节目文本叙事视角的选择及其蕴含的叙事伦理的差异,节目理念和宗旨的差异,叙事惯性和叙事习惯的差异,不同的艺术追求和价值追求的差异,一定程度上也反映出节目背后中美文化观念和文化取向的差别、人们的精神道德结构和欲望模式的差别。

真人秀节目作为一种具象化的符号系统,一般具有相对完整的故事情节、合理的叙事逻辑,并以塑造独具特色的人物形象为目标。"好声音"

中的叙事视角,也即我们如何对故事内容进行观察和讲述的角度,不仅影响叙述内容,也影响受众对文本的判断和接受、感情介入以及文本的伦理尺度。不同的视角表现出不同的伦理道德,而面对故事中个体的生活遭遇和生命感受,在介入他者故事的过程中,我们需要关注不同个体各自的伦理取位和相互间的伦理对话,理解伦理责任。还有对叙事身份的认知,作为一种联结了交往伦理的形式,源于主体的身份和角色的差异会通过不同的话语形式表现出来。导师话语的权威性控制话语互动的方向,我们可以观察"好声音"中的对话资源和情感能量,从谈论的话题和交谈的声调及节奏中的能量水平来思考相关意义。

叙事视角的选择代表了叙述者(节目制作者、导演、摄影、剪辑)的价值判断、情感取向和审美追求,这些都会通过节目文本呈现,在观看节目的过程中,不同的叙事视角也决定了观众不同的接受方式,会产生不同的审美效果和伦理效果。儒家颂扬尊重与相互影响的价值,对关系的不同理解构成不同的交往关系模式,以家庭为中心的儒家价值对伦理秩序的影响,在《中国好声音》节目中也多有呈现。

(四)叙事手法的运用

中美"好声音"文本中的叙事方式采用对话的形式,音乐和问答是主要的叙事话语,还有场外 VCR、生活体验以及导师培训等,家人朋友在镜头前的语言、副语言和体态语等,主持人的主持方式以及与选手和导师的互动模式,现场观众的视角和表现等。讲述方式和话语选择的不同就会产生不同的伦理效果。人物叙述的形式逻辑会使我们对人物叙述者产生移情作用,对叙述的伦理情境产生影响。节目选取普通选手、导师和关系人物等多个角度展开叙述,呈现出个人音乐故事的多个维度,对音乐的评论和理解、对比赛的态度和对人生的设想展示了叙事空间的走向,其中隐喻着不同个体的价值取向和价值观念,如宣扬价值系统中关于爱、梦想、勇气和友谊等基本理念,呈现对竞争的、成功的和失败的反应等。从叙事技术来看,真人秀文本综合运用了零聚焦的全知叙述、内聚焦的人物叙述以及外聚焦的人物叙述等多种方式,侧重运用外聚焦的人物叙述。叙述伦理不同于一般的道德伦理,后者注重价值判断,而叙述伦理则注重个体生命的伦理境遇、存在的道德选择的困境,并通过分析文本结构、叙事策略、叙事视角和叙事话语等方面来挖掘文本的伦理深意。

第三节 "好声音"文本阐释的维度选择

一、使阐释成为可能

劳伦斯·格罗斯伯格认为,理解媒介文本(信息)的方法即意义的阐释,并提出了阐释分析的技巧和方法包括叙事分析、类型分析、符号学分析和内容分析,并需要回答三个问题:阐释什么文本;为什么我们会去阐释这个文本;文本是如何传播的。[①] 结合他的分析和思考,我们来简单地说明为什么选择"好声音"这一文本来进行阐释。

真人秀节目具备了长篇叙事的能力,它具有故事讲述的人物关系、故事发生的特定环境、故事存在的具体时间、通过悬念串联起来的故事情节,用冲突、悬念、欲望和影像书写着故事的不可预测性。"好声音"由专业制作公司制作,内容播出平台第一选择是电视媒介,作为传播渠道,电视赋予"好声音"参与者以特定的角色,角色的解读可以有多重样本,如参

---

① [美]劳伦斯·格罗斯伯格:《媒介建构:流行文化中的大众媒介》,祁林译,南京大学出版社 2014 年版,第 163 页。

赛选手—表演者,主角—配角,胜者—败者等;观众的参与也是有差异的,电视播出为特定的每周同一时间,观看环境以居家为主,这些观众更多的是顺从的观众,以区别于网络平台的播出强调选择性、互动性和随机性。

"好声音"作为一个现实的文本,其符号和代码处在一个复杂的关系体系中,包括与节目输出方、节目播出方、节目制作者(复合)、节目参与者(主持人、选手、家人、导师和嘉宾等)以及他们形象之间的关系;与受众的关系;与其他文本以及流行文化历史之间的关系;与人们头脑中业已获得的更广泛的知识(比如从其他媒介获得的知识)的关系;与其他行为方式之间的关系(比如舞蹈风格、情感态度和时尚);与传播文本的媒介的关系(诸如电视台、网络终端和移动终端等);和不同受众以及他们的不同品位之间的关系,形成了一个具有广泛影响力的复杂的多元的"互文文本"。

那么,"好声音"这一文本存在哪些问题? 我们期望从文本阐释中获得什么? 文本中的行文和意义是如何激发人们的兴趣的? 首先,"好声音"提供了一种在舞台上如何表达、如何交流以及如何获得比赛胜利的行为模式,展示了一种追求音乐梦想的生活镜像,还有隐藏在表象背后的多重故事;其次,它表面上是一档电视真人秀节目,背后却是一类或多类群体的生活景观和生存诉求,潜藏着一些已知或未知的价值和态度,彰显着社会的经历、压力、欲望和希望;最后,一档纯粹的娱乐节目有没有承载政治宣传和舆论导向的压力,有没有承担价值观输出和知识传播的社会责任,有没有推动社会进步的情怀和传播正能量的设计,在与经济利益冲突的情况下是如何取舍平衡的等,都是值得探讨的问题。

二、对"娱乐"的态度

西蒙·弗里斯在分析"娱乐"这个词用起来为什么通常带有些受人鄙视的感觉时,认为鄙视当中隐含着两种对比:其一,关乎美学判断,娱乐

(逗趣的、即时的、琐碎的)是与艺术(严肃的、超越的、深刻的)相对的;其二,涉及政治判断,娱乐(无关宏旨的、逃避主义的)是与新闻、现实、真理相对的。从媒介自身(至少报纸和广播电视)的历史来看,它们的组织框架体现了这种对比关系,各种娱乐秀节目的兴起是以牺牲新闻和纪录片为代价的,娱乐节目对政策越来越有影响力,被看作某种程度的"智力低下"。①

　　传统媒介社会学对娱乐的态度总体是否定的,这主要也来源于对大众趣味观察视角的差异,对娱乐的鄙视态度占据媒介论辩的重要位置。笔者也发现学术研究者已经意识到娱乐作为一种社会文化力量的重要性,娱乐对经济发展、日常生活、身份认同以及社会交往都意义明显,但对这种重要性的态度却模棱两可。通过传播模式来研究媒介传播的过程一般可以分为生产—消费—意义,生产主要讨论所有制结构、影响力和权力问题;消费讨论效果、趣味和"抵抗"问题;意义讨论意识形态、文化和认同等问题。

　　文化工业批判是把娱乐与经济"理性"联系在一起的,对媒介生产存在过度意识形态化的解读,忽略了消费者的话语权力、审美判断或者感官愉悦。事实上,娱乐意蕴的变化随着社会的发展越来越受到重视,社会群体的娱乐和个体选择的娱乐越来越被区分为"趣味集合"和"生活方式",正是对娱乐趣味的喜爱和认同、对娱乐消费的理解和感受、对审美和道德判断的差异,构成了社会关系的同一和社会身份的区别,也是区分艺术和娱乐界限中的一环。

---

　　①　[英]詹姆斯·库兰,[美]米切尔·古尔维奇:《大众媒介与社会》,杨击译,华夏出版社 2006 年版,第 188 页。

三、吸引力法则

阿瑟·伯格总结的人们使用媒介的原因很有意思,他在"使用与满足"理论的基础上,认为媒介给人们以满足感,且舒缓人们的某些需求,大体可以归纳如下:被愉悦;发现权威人物得意或失意;体验美丽;与他人(社群)分享体验;满足好奇心和消息灵通;认同神性和神意;找乐消遣;体验移情作用;在内心无愧和有节制的情形下体验极端情绪;发现楷模;获得身份认同;了解世事;增强正义感;更加相信浪漫爱情;更加相信魔法、奇迹和超自然的事情;看到别人犯错误;看到世界井然有序;(想象地)参与历史;消除烦闷情绪;合法获得发泄性欲的渠道;既不受罚也无冒险地探讨禁忌物;体验丑恶;肯定道德的、精神的与文化的价值观;看到恶人恶行。①

笔者通过分析发现,人们收看真人秀的原因和伯格的解释有很多相通的地方,如节目的吸引力主要体现在哪里;聚焦真人秀节目的人群,情感是否更容易被带入;他们追求什么样的情感体验;什么样的情况能够体验轻松愉快的感觉;什么样的情况能够消除烦闷的情绪;人们又是如何通过媒介的传导获得情感体验的。事实上,不管是从生理上,还是心理上我们都可以从电视娱乐中感受到愉悦的气氛,通过媒介体验移情作用分享他人的欢乐与悲伤,进而产生心理愉悦或宣泄或"宽慰";从喜欢的选手中找偶像,获得作为一名"粉丝"的群体认同,对节目本身和事件进行评判,强化或削弱道德感知,确认自身道德的、精神的与文化的价值观,通过价值观来确认我们对善与恶、可欲与不可欲、正义与非正义的理解。

---

① 有关观点,可参见[美]阿瑟·伯格:《媒介分析技巧》,李德刚等译,清华大学出版社 2011 年版,第 101 页。

四、"表演"的不可避免

从网友的讨论中,笔者发现有很多声音倾向于质疑节目有明显的表演痕迹,譬如导师转身表示不认识已然成名的专业歌手,并把这种表演与虚假传播挂钩。实际上我们需要从理解具体节目类型入手,并把握该节目对真实的要求,还要考虑当普通人群面对摄像机时,本我演出和夸张表演都是很难避免的。选手区别于演员的重要一点在于,通过说话、面部表情和身体语言向观众"展示"的某种特定感情和信念来源是内在的还是外在的,还有情境对人的影响,镜头语言本身的虚拟性,摄像机位置带来的技术性选择偏见,重构"真实"的需求以满足观众预期等。

表演者和观众之间是一种"信息游戏"交流的过程,在那里表演者将对其他人或者揭示或者隐瞒他们的行为。[1] "表演的自我"和"真实的自我"之间是有区别的,真人秀节目的真实有时被虚构或夸大了,节目类型的框架的假定,使得人们对真人秀节目有一种预置的相对固定的观看模式,观众期望表演的真实,这种期望既来源于对情感共鸣的追随,也在于对自身既定判断中批判性思维的隐藏,观众通过推测和判断普通人在镜头前的行为举止,来了解人物背后的动机和行为意义。

因为真人"表演"的程度和能力的差异,节目的质感也会不同,呈现节目和真实之间的这种紧张关系,会将观众带入一种独特的审美快感体验,这也是真人秀节目的独特魅力。观众讨论参赛选手更多依赖于日常经验、媒介认知以及自身素养,选择性理解到接受的过程是充满意味的,是从需求出发来思考的。也许我们还需要关注的是参与节目的主体所忠实

---

① [美]欧文·戈夫曼:《日常生活中的自我呈现》,冯钢译,北京大学出版社2008年版,第20页。

的对象是什么,他对谁负责,他参与节目的动机和引起的结果,而不是简单地评判表现的"真假"。

五、故事重要吗?

我们生活在一个充满"叙述"的社会,这个社会不断地通过大众媒介来传播各种文本和故事。受众从理解故事传达出来的意义开始,到发现人物角色的动机并进行道德评价,选择接受或是排斥,并感受从故事中所觉察出的各种价值观,进入角色认同和文化适应,进而开启参照式解读、批评式解读或抵抗性解读模式,这构成了我们理解社会的基础,对我们了解真人秀戏剧性要素、如何满足观众需要也有重要的作用,还在于我们如何理解"每一个人的生命都值得仔细审视,都有属于自己的秘密与梦想"。

叙事行为在社会生活中普遍存在,我们讲述故事、发现故事和引用故事,故事就围绕在我们的周围。罗兰·巴特认为任何材料都适宜于叙事,除了文学作品以外,还包括绘画、电影、连环画、社会杂闻、会话,叙事承载物可以是口头或书面的有声语言、固定或活动的画面、手势,以及所有这些材料的有机混合。[①] 叙事对人类经验重要性促使普洛普去探寻民间故事的起源,并建立了不同文化故事结构之间的相似性,发展了对深层叙事结构和情节范式的研究;西摩·查特曼以普洛普的分析为起点,衡量了现代叙事的复杂性,认为叙事也是有发送者和接收者的传播形式之一;大卫·博德维尔试图把叙事的"故事情节"和"故事叙述"结合起来,分析了叙述表达风格将影响观众建构故事情节。

---

① 　相关观点参见[法]罗兰·巴特:《叙事作品结构分析导论》,张寅德译,中国社会科学出版社 1989 年版,第 2 页。

六、"交流"的可信度

真人秀中有很多交流模式,为了让交流看起来可信,除了减少表演的痕迹展现本色外,还要有真挚的情感,忽略录影情境的担忧,进行适时的表达,使用高超的剪辑技巧,一切看起来似乎有些困难,但又是真人秀节目努力的方向,可以带给受众更多的带入感。有学者认为,在广播电视上可信的谈话有三种类型:它听起来不是人为的、模拟的、背诵的,或者是表演的做作的,而是听起来自然的、新鲜的和自然产生的,看上去天生如此;它听起来似乎是捕获的,感情是自然流露的,表情是不着痕迹的,或者是介绍谈话者的经验;真实的投射出谈话者的中心本身,谈话是谈话者本人,用人们熟悉的并容易被认可的方式来呈现。

音乐和声音效果都能引起观众的某种特定情感反应,来源于给定的声音与特定情绪之间的已有的文化关联。[①] 真人秀节目中建构起来的文化身份,让受众容易识别并产生兴趣参与这些身份的互动,并被整合进节目中用来消解表征与真实之间的界限,也即打破了交流的虚构。我们需要思考人们是如何看待节目中的"交流"的,"交流"是否值得信赖,它的依据是什么。

七、道德规范是否必要

真人秀节目广泛的影响力更需要我们重新审视关于它在道德规范方面所要做的努力,道德规范往往是真人秀节目的基础和灵魂所在。[②] 真人秀中的道德规范包含很多层面,从内容到形式再到传播,如何对待节目

---

① [美]阿瑟·伯格:《媒介分析技巧》,李德刚等译,清华大学出版社 2011 年版,第10 页。

② 有关观点,可参见[英]安奈特·希尔:《流行真人秀:真实电视节目受众的定性与定量研究》,赵彦华译,中国国际广播出版社 2008 年版。

的参与对象,如何审视他们的私人空间和节目对私人生活的披露程度,还包括如何建构故事内容等。有关真人秀节目制作道德规范问题的讨论是必要的。对于普通参与者来说,进入节目录制过程就已经进入了契约式情境,有的会签有详细的权利义务的录影合同,更多的是进入放弃各种权利的所谓的社会约定俗成的关系之中,对大多数普通人来说,很难对他们在节目当中的遭遇做出"抵抗"。如何保证享受公平待遇、平等态度,如何保障参与者人身权利不受侵害,还需要我们深入思考。

道德规范与真人秀节目之间的关系学界讨论得比较多,部分原因在于真人秀中"真人"与"秀"的关系。该类型节目的界限和底线在哪里,它没有一个明确的法律规定或是道德标准,不管是对节目制作者还是节目参与者来说,把握道德规范都是比较难的问题。道德缺位经常性地存在,特别是节目制作方针的不确定性导致参加节目的普通人容易受到不公正的对待,参与者的隐私和人格尊严没有得到足够的保护,在娱乐为王的伪装下,真人秀节目在制作过程中的公平公正问题以及责任权属问题等,及内容规则和节目的质量和品位问题,都需要引起我们广泛关注和讨论。

对隐私权范围的界定,不同国家不同文化有不同理解,相同的部分是隐私权是公民的一项基本人权,是受到道德和法律保护的。在真人秀领域,隐私权被侵犯的主要领域在"未经同意,披露私人信息""侵入私生活领域",我们要思考保护隐私和节目需要之间、和公众知情权之间、公众兴趣之间等如何平衡。

诚如罗尔斯所言:"正义是社会制度的首要价值,正像真理是思想体系的首要价值一样。"①公正伴随着人类的成长,对公正的关注和追求是

---

① [美]约翰·罗尔斯:《正义论》,何怀宏等译,中国社会科学出版社2001年版,第66页。

植根于人类内心的渴望,是具有永恒价值的基本理念和基本行为准则,是道德原则、法律原则和价值准则。人们对真人秀节目的造假、黑幕、信息不对称、权力不对等以及侵犯隐私权和知情权等的排斥,使得"好声音"借由"转椅"这一具有颠覆性意味的形式,极大地激发和满足了人们对公正的期待,成为节目成功的原因之一。

八、与日常生活的界限

真人秀节目与日常生活的错综复杂的关系,有可能消解表征与真实之间的界限,即消解电视与日常生活之间的界限,屏幕上所展现的"更好的生活"对受众来说具有天然的吸引力。特纳阐述了电视真人秀与受众日常生活的接近性,这种接近性增强了参与者对它们的认同感,再加上真人秀节目在叙事和戏剧性情节中的情感投入,以及受众相信自己具有积极的和批判的参与文本建构的能力,这些都使真人秀超越了原有目的。①

电视真人秀提供了广泛多样的参与机会,让越来越多的普通人有机会进入电视中,把自己转变成电视的内容。通过对"好声音"的分析,我们来了解选手们的自我表达在向导师证明什么:是自己对音乐的执着追求,还是参加比赛的热情,抑或是内在的明星气质,还是个人的独特个性或是魅力。面对如此形态各异的真人秀内容,大部分人真的能够分辨节目中的生活和现实日常生活的差异吗?真人秀中呈现出来的价值观,人们在日常生活中对它们如何理解?来自不同语境和文化背景的电视节目,对观众来说产生文化隔阂和心理距离也是难免的,观众经意或不经意间走

---

① 相关观点参见[澳]格雷姆·特纳:《普通人与媒介:民众化转向》,许静译,北京大学出版社 2011 年版,第 68 页。

进节目的表达世界,类似进入一个"虚拟的社区",从中感受主动或被动选择后的意义与快感。

九、作为媒介事件讨论

媒介事件的素材可以划分为"竞赛""征服""加冕"三大类,这些就是构成媒介事件样式本体的主要的叙述形式,或称"脚本",它们决定着每一事件内人物角色的分配及其扮演的方式。如果离开这一类型范畴的限定,我们可以把这三种故事形式假设为韦伯(1946)的三种权威类型,就是合理性、超凡魅力和传统,分别包容在"竞赛""征服""加冕"之中。更多的分析可以发现这三种形式其实是紧密相连、互相渗透的。①

"竞赛"让势均力敌的个体或团体相互对抗并按严格的规则进行竞争;"加冕"也按照严格的规则进行,旨在向社会唤起文化遗产,重申社会和文化的延续,邀请大众的评估;"征服"是一次性事件,往往要打破规则,"征服"的主角既有超凡才能,又勇于迎战考验,而他们的成功又赋予他们更大的魅力并创造出新的追随者。虽然丹尼尔·戴扬分析的媒介事件更多的是典型意义上的重大事件,但他的分析框架对普通媒介事件来说同样适用。把"好声音"这一整体看成一个普通的平常的媒介事件,本书分析发现它也包含了这三个主题:首先是和其他音乐评论类真人秀的、选手间的和导师间的"竞赛";其次是对其他同类型节目、对导师的和对观众的"征服";再次是"好声音"节目品牌、广告品牌,节目选手和导师等受到社会和媒介的"加冕"。

---

① 相关观点,可参见[美]丹尼尔·戴扬、伊来休·卡茨:《媒介事件:历史的现场直播》,麻争旗译,北京广播学院出版社 2000 年版,第 30 页。

第二章　中美"好声音"的审美意涵与内容分析

　　从"价值论维度"看叙事伦理,我们可以美学为中介来探寻叙事与伦理的联系。美学与伦理学存在内在的共生关系,新亚里士多德主义和后结构主义伦理学(努斯鲍姆、福柯)认为,美学在伦理学中扮演了决定性角色,而社会学和生态学美学理论(布尔迪厄、伯麦)则将伦理方面的确定性视为审美的基本观点,审美自身具有伦理潜质,具有一定的伦理因素。叙事作为一种伦理学习和美学活动,也包含着一定的审美理想,并使得接受主体的价值生成体现在审美经验的交流和审美喜悦中。

　　纵观近几年各大主流卫视的电视综艺,真人秀节目的收视率及其影响力越来越成为竞争的筹码,节目的同质化与创新性共存,在百舸争流的节目竞争中能否脱颖而出,关键还要看节目的制作水平、推广能力和在吸引眼球方面是否下足功夫,同时找准观众的需求并满足观众的需求成为真人秀节目立足的根本。电视真人秀节目作为一种娱乐产品、文化商品以及快速消费品,本身具有多重属性,作为电视审美文化中视觉转向的典型参照,具有特定的美学品格和审美价值。

第一节　"好声音"的审美价值及其表现

近 10 年来,随着真人秀节目的引介、发展以及本土化的进程,从一定程度上说,荧屏上真人秀节目百花齐放形态各异,节目的生命周期也是长短不一,而业界学界对真人秀节目的研究也是不一而足,正面观点聚焦于真人秀节目提供了丰富的娱乐、提供满足诉求的平台和审美的需要等,但后现代语境提出了新的审美难题,在这一背景下我们来探讨"好声音"节目样本的审美价值及其面临的"镜像化"审美表现,以期推动更好、更健康的媒介审美价值生产。

一、艺术文本审美价值的提出

电视歌唱类真人秀节目作为一种艺术文本,具有一定的审美价值是毋庸置疑的。从柏拉图提出"美是什么"的追问以来,关于美是理念、形式、关系、生活、直觉和移情等解说都有其道理但又不能完全解释涵盖其内涵,但审美作为一种认识,无论是强调主客观统一的审美,还是倾向以客体为主的审美,越来越多的学者倾向于审美是一种体验、一种现实存在。而审美价值即是在审美活动中呈现出来的价值体验,是审美对象的客体价值与主体相呼应后产生的,更倾向于审美主体的精神愉悦、情感体验和需求的实现,是审美价值客体效能的实现。

康德认为,我们判断某一对象美与不美,并不是对某个对象做出逻辑判断,而是借助想象力做出情感上的判断。审美欣赏需要一种欣赏力和判断力,一种由想象力和理解力构成的审美能力,为了能获得更好的审美体验和感悟,对审美价值主体的审美能力有要求,包括审美价值观念、审美经验、审美态度、审美情境、趣味品位及修养涵养等。不同的审美主体对价值的发现是不一样的,审美快感的获得需要审美主客观关系的协调共鸣。此外,虽然审美价值也包含有功利成分,但审美体验除了对美的自然升华之外,更是一种超越物质的精神享受。审美价值活动有利于主体的创造和发展,进而使主体养成更完善的人格、更健全的心理和追求发现美的能力。

美的形式是"有意味的形式",对于审美来说,大众媒介的发展变化创造了新的审美环境和审美尺度,新的审美"速度"、审美"模式",创造了新的审美媒介、审美眼光,创造了新的审美感受、审美情感和审美方式,也创造了新的审美形式以及作为它的典型表现的新的艺术形式。在全新的媒介化社会背景下,如果说生活中充满了美学,那么现实中的美感会否是被建构的,会否被媒体、广告、品牌和故事等俘虏,这样的审美体验到底是真实的还是虚幻的,是生命深处的狂欢还是表层的愉悦,审美是美感的再现还是符号或话语的"霸权",审美在何种程度上得以实现,为此我们需要了解媒介镜像中的审美价值。

二、"好声音"节目样本的审美价值分析

了解审美价值是为了通过审美的视角观察分析审美对象,实现审美价值,而其实现需要特别关注对象的外在属性、形式构成和观赏价值等,要考虑能否触发感知、联想并进而唤起情感和理解,再使主体有所感悟并体会到愉悦,不同的审美价值主体能够体会或发现的审美价值也是不一样的。

在媒介体验中,身体快感成为媒介体验的审美之维,人们通过符号的游戏获得自由感和自在感,感官的解放跳出了社会宰制的窠臼,个体和群体的身体成为超越自然、社会和文化的符号。约翰·菲斯克认为"身体及其快感一直是并且仍将是权力与规避、规训与解放相互斗争的场所"。身

体的审美在一定程度上成为社会的力量,对身体的认知也反映出人们对文化和制度的认同程度。从这个意义上看,歌唱类真人秀节目作为审美价值客体的存在分析对象时,它具有一般审美价值客体共性,也具有自身作为电视文化产品独特个性,具体表现在以下几点。

(一)形式上的美感诱发快感体验

1. 结构

我们以"好声音"的结构为例。强调参与感、互动感和现场感是节目设计的基本面,每一个环节都有 1 名或多名个性化差异化的拥有声音美感的选手对应 4 名精心挑选的风格迥异的导师,通过悬念设置、听觉选择、话语交锋和基本情况的了解等方面进行力量博弈,通过节目环节设置从个人表现—导师选择—选择导师—组内竞赛—组外竞赛的步步推进,营造出一种紧张刺激的氛围,加上导师点评、点拨和回应,形成紧凑的叙事结构,节目呈现的戏剧化、游戏化的效果,使得受众能够得到或认同或疏离的快感体验。

2. 节奏

"叙事话语"是叙事元素的重要一环,主要是指叙事主体如何叙述并进行信息的传播。讲故事的方法,音乐、对话和影像,多重话语模式联结多维叙述人物形成的多重结构关系,通过不同的叙述手段进行顺叙、倒叙、插叙等的安排,对比赛事件的情景再现,对选手故事的理解、描述和评价,对文本的阐释、判断、评价和总结构成了总的叙述方式。在节目总的叙事话语的结构下,节目表现出自身的节奏。

电视歌唱类真人秀是一种典型的视听艺术,对节奏的要求比较高,好的节奏可以带来好的韵律,给观众以更好的审美体验。节奏主要通过时长、音乐、环节设计中的间隔、停顿和顿挫等来实现,也可以通过节目设计中的快慢强弱,通过画面节奏的控制捕捉节目中嘉宾的表情、动作和情绪的变化,通过主持人对语言、节目进程节奏的把握,通过剪辑师后期的制作更好地体现节目美感。"好声音"节目的舞美设计、音响设备、音响团队和伴奏乐队都是一流的,从技术上保证了节目的节奏美感。

3. 风格

电视歌唱类真人秀节目独特的审美体验与审美价值,也可以体现在节目本身所呈现的风格上。在瓦尔特·本雅明所确立的美学二元范畴——韵味与震惊中,把媒介文化归属为震惊型艺术,认为其重于观照存在和展示价值,区别于审美静观的体验。宏观来说,该节目类型的风格也是倾向于清新明快,画面感强烈,具有从听觉到视觉再到感觉的冲击力,节目连续和不断出现的新气象也可作为审美价值的一维。

由于版权的需要,中美"好声音"的风格有一定的接近性又有区分。《中国好声音》比较注重本土文化的熏陶,对主题的设计呈现出节目的特有风格,第一季"唱出你心中的歌",第二季则转向"小众化音乐",第三季倾向"向经典致敬",并且始终围绕"梦想"叙事,为音乐中的人物寻找一种精神象征;而《美国好声音》则更看重"音乐"本身,音乐的类型多样化、表现多元化,点评更加直接随性,整体风格不似《中国好声音》明显。

(二)内容上的美感产生移情作用

1. 人物

人物也即"叙事者",在节目文本中充当多重角色。通过分析我们发现节目中的主要叙事者包括:首先是节目制作方和播出方,它是全程叙事者,从节目环节、人物、故事的选择和设计到呈现方式的选择,都由它来完成;第二层面的叙事者主要是节目中的选手、导师、主持人和家人朋友等节目参与者;其次是与故事中的出场对象不同的叙事者所讲述的故事有交叉有重叠,他们代表了不同的叙事身份、叙事立场、叙事角度、叙事方式和叙事目的。

电视节目作为文本和艺术作品,它的审美价值是相对比较纯粹的。"好声音"中的人物由主持人、点评导师和选手等组成,每一部分都是看点,包括他们的服装、造型、形象、个性和语言等,参加"好声音"的选手在声音条件、演唱技巧和整体素质方面都很强,没有一定的基础是无法达到这样的高度的。《中国好声音》节目呈现出来的话语方式相对来说比较婉转,塑造的角色形象比较立体,有优点也有缺点,有可爱有趣的,也会犯错。而《美国好声音》则带着较强的个人烙印,话语风格独特,对比赛的认知和表述相对单纯。此外,共同的一点是,每一季中美"好声音"的导师都很强大且风格各异,对音乐的点评真切到位,表达自然且真性情。

2. 故事

《中国好声音》中的故事无处不在,一方面主要是因为如果要了解某一个选手,除了她或他在镜头前的表现之外,如果观众对其感兴趣,则会被激起投射心理,去了解他是一个什么样的人、他选择了什么样的人生、是如何走到舞台这一步的等,不过选手背后的故事是把双刃剑,故事的内容、表现形式以及叙述的场合时机等都会影响故事的效果。我们知道有些故事是提前预设好的,有些是节目现场临时发挥的,这些方式故事可以呈现更完整更立体的节目效果,观众也可以此来判断选手建构立体形象的具体情境,满足自身的好奇心并产生"窥视"他人私生活的快感。

第三季《中国好声音》开始减少了故事性和话题性,一是迎合政策市场大环境的变化,节目制作大方向的调整;二是强化导师的叙事空间,增加导师的权重;三是对节目本身影响力有一定信心,也是一种从眼花缭乱的各类奢华真人秀重围中进行了"返璞归真",契合了内外兼修的制度设计、"以精英的实力创造大众文化"的规律认识和人本精神。

3. 情感

观众对真人秀节目的参与者有强烈的自我投射,音乐具有传递情感和抚慰情绪的功能,真情实感的音乐具有特殊的情感价值,可以疏导社会和个体情绪。情感价值是贯穿歌唱类真人秀节目始终的一条主线,对情感的关注和理解构成了节目"控辩"双方的矛盾点,从生活经验折射出来的情感内涵,通过场上选手的歌声和叙述反映出来,虽有秀的成分和节目制作中的脚本设计,但审美主体可以更完整地感受到对象传递的审美信息,完成对客体形象的逻辑建构,进入审美知觉阶段,对应主体的深层情绪,契合大众的审美心理,想象情境打破了客观条件与主观印象的界限,形成新的审美体验和情感上的愉快,作为人生乐趣的达成心理的满足和自我实现感知的提升。

学员的演唱水准和对情感的表达是否到位主要看他对音乐的理解和感悟力,是否激发了观众的情感共鸣。《中国好声音》加入了较多的情感元素,如师生情谊和选手背景故事的介绍,这些在美国版"好声音"节目中都被弱化了。为此我们发现只有当节目中的"音乐"真正打动人心,伴随而来的"故事"才可能成为吸引观众的点,但如果故事讲述不当效果只会适得其反,还有可能被反讽"穷病丑"成了选手上位模式,学会在电视上的真诚表达才是选手和节目的出路。

4. 真实

真人秀本身之所以受关注,重要原因在于"真实"两字,因为它提供给受众一种全新的观感体验,小人物的喜怒哀乐让人有一种天然的亲近感,从中感受的除了审美价值之外也多了实用价值,作为自身生活的参照。

但由于节目录制水平的差别、卖点的需要,真实是有选择的,具有表演的成分也即秀的成分,对审美对象来说,能否"润物细无声",更多还看电视编导的功力和现场主持人的掌控能力。为此,真实作为审美价值是间接的,它跟节目本身呈现的状态相关,也和审美主体自身的审美能力、媒介信息素养有关,有时候两者可能还是负相关。

5. 距离

电视节目审美价值主体与客体的距离隔着电视,说远不远说近不近,这里既有时间空间的客观距离,也有观看与否、参与与否的主动距离。通过镜像产生的美感在特定的场域中被放大,通过摄像镜头的选择呈现,我们可以更加看到结构化的、戏剧化的和剪辑过的镜像。审美对象是被加工过的,但类似于真实的场景再现,容易唤起主体的审美自觉,形象、语言、场景和故事等诸种信息的综合,凭借这种天然的距离反而更易被感知。

6. 环境

电视作为审美对象中介具有建构环境的功能,本身作为拟态环境的隐喻,提供信息的同时也制约了人们的认知和行为,并对客观的现实环境产生影响。而观看电视时放松休闲的家庭氛围提供了审美共情的现实土壤,也为审美关系的顺利建立和开展做好了铺垫,这也是电视文化特有的审美价值元素,有利于审美主体对美的感知的内化,而真人秀节目更多地提供了快感的产生以及欲望的消解和转移。

三、对"镜像化"审美的思考

大众传播提供的娱乐信息具有潜移默化的效果,电视媒介的"培养效果"使人们对"象征性现实"的理解主流化,形成社会的共识,有整合社会的功能,同时传播内容具有特定的价值和意识形态倾向,弱化了人们对客观事实的理解。随着西方后现代主义等思潮的影响,审美价值在消费社会语境中发生转向,娱乐化倾向的审美打破了艺术与非艺术的界限,出现日常生活审美化、审美日常生活化,让·鲍德里亚认为这一现象可归结为审美泛化或审美价值的扩散。

从消费社会到消费文化,文化产品的符号化过程以及视觉文化的兴起等都彰显一种符码扩张的趋向,日常审美与文化感知密切相关,歌唱类真人秀的传播使得生活美感疏离于实用性和现实性,而倾向于构建的"故事"。艺术的美感也不再忠实于传统的艺术审美和价值,技艺成为工具,内容成为框架,符号系统成为一种判断的依据。基于此,本书提出审美"镜像化"困境并分析其表现。

(一)审美"镜像化"趋势

个人的身体包装(面容、服饰和言谈举止等)和情感(表达的方式、需求的水平)等成为文化和美学符号的一部分,消费成为一种"仪式",一种肯定的"需要",一种层级的"区分",从生产的同质化到消费的同质化,个性化逻辑一定程度上一方面被排斥另一方面又被唤起,审美价值发生了根本性的转向。在某一维度,审美不再是内心的愉悦,而是外在的"通感"引发的暂时满足带来的物质虚化的享受,审美"镜像化"的过程在加速,正如审美功能的退化与审美能力的弱化,在消费逻辑下审美更多是被建构的,而这往往被人们所忽视。

(二)身体审美的转向

在消费社会的逻辑里,身体也是被消费的符号。从文艺复兴重新发现人的价值开始,我们越来越珍惜这副外在的躯壳,生产的逻辑之一也出于装点美妙的生活体验。对美的感知,有了媒介镜像的强势参与,美的标准是否在变化,是在自身的感受还是别人的评判,还是倾向于群体认同,审美在"镜像化"的过程中或已经被圈定。在追求美的过程中,通过纯天然的判断来实现审美愉悦日渐困难,参照物更多来源于"镜像",对符号的消费使得身体更倾向于商品的物化,身体本身成为消费品,消耗着时间和能量。而一些内在的修养、气度等反而被忽略了,包括关系认知及其差异在内的社会关系逐步被改写。

(三)日常生活中的审美消费

在消费社会日常生活似乎发生了一点转向,在消费逻辑和媒介参与的共同作用下,日常生活混杂了家庭、工作和娱乐休闲,边界消失了,电视手机网络等各种形态的媒体改变了日常生活的轨迹,娱乐和审美需要的口味加重了,传统的简单审美经过媒介的放大不再显得容易挑起人们的欲望和愉悦,对审美需求提高的同时,人们越来越难以感受审美带来的独特体验,更多时候被"镜像"消解掉了,一定程度上我们似乎否认了"审美"的存在,因为我们的感觉麻木了。

更多时候,真人秀节目越来越成为人们的审美选择。正如韦伯所说,审美领域成为人们感性欲望得以伸展的重要场所,它与普遍存在的工具理性的压抑形成鲜明的对照,且审美具有一种把人们从认识和道德活动的理性定义压抑中解救出来的世俗"救赎"功能。由消费逻辑所形成的社会文化与社会心理,改变了人们生活的轨迹,媒体所产生的资讯一方面帮助人们迅速融入社会,另一方面成为某种压力和制约,人们在追求独特性和归属感之间摇摆不定,消费选择的完成来源于多重因素共同作用的结果,审美在特定情况下反而退回到次要位置,消费圈层与群体压力易占上风。

(四)审美"镜像化"改写日常关系

家庭作为日常生活的重要场所,关系的建构与情感的维系正越来越受到"镜像化"审美的约束。随着社会变迁与媒介参与的无所不在,家庭生活形态不断变化,由此产生的家庭成员经验形式与意义也不同于传统家庭结构。家庭的权力关系往往在媒介的参与下悄然转变,家庭价值与规范的形成更多来源于媒介的使用和劝说,家庭领域的复杂性与私密性被媒介所分割,家庭关系的处理与情感的维系需要通过共同使用媒介和理解媒介的方式进行,使得个人的自我形象和认同成为媒介的一种形塑,媒介影响下的消费认知建构了审美的基础。

四、重建审美"镜像化"的价值逻辑

工具理性检视人们认同的同时,对公共性有了更多的了解,从家庭关系到社会关系,日常生活往往靠手机和网络也可维系。也可以这样说,媒介提供了多元的声音和多维的判断,使得审美不再仅仅是个体的事情,这中间充斥了各种关系的角力,个体自身可能碰到的矛盾认知和困惑,更多时候来源于关系圈层逐步缩小或扩大形成的行动逻辑,从社会对象的改变到象征意义的确认或是交流作用的结果。

在审美主体的审美对象当中,往往连接着理想、价值和目标等美好的想象,这些符号的意义一般被社会某群体所认可或推介,或是成为审美主体辨认自身所属社会阶层或群体的象征性指标。审美的界限变得模糊,生活倾向于媒介的"隐喻"或"仿像",风格成为一种形态,人们需要从想象和理想中的自我跳出来,从意识到欲望,重新结构日常生活方式,形成真正的审美愉悦,重新审视审美"镜像化"的价值逻辑。

审美使得欲望与感官的快乐相分离,区别于纯粹精神快感。在传统审美中,人们往往将审美对象非意志化,成为一种"不可言说"的体验,只可意会不可言传的审美感知是被肯定的。但在消费社会和媒介逻辑中,由于消费文化和媒介文化的开放性,原有的审美体系被打破,人们对审美的预设和框架取消了,审美不再是高雅的体验,它成为一种简单易得的东西。在媒介"镜像化"的审美中,感官的愉悦占据了重要位置,传统审美身心合一的愉悦暂时被搁置,身体的本能欲望和冲动被放大,这种审美更多是参与式的,时效较短并且容易转移的。

如果说获取意义的审美愉悦不再要求统治的力量和规训,而是可以在自主选择的基础上自然获得,也许从某种方面来说是文化转型的标志。媒介作为奇妙的工具,使现实与真实以及所有的历史或文化之感知全都失去稳定性。媒介成为一种新型文化植入日常生活的中心。为此,我们一方面得利于媒介影像带来审美的快速便捷;另一方面,我们需重建对审美价值的本真探索,从审美的永恒性与距离感出发,在审美的无距离快感成为主流的同时,个体需在群体镜像下重建审美判断,让审美和愉悦不仅仅是一种象征,还是交流、分享和感悟。

第二节　国内纸媒对"好声音"的报道视角分析

纸质媒体的报道视角,是了解节目影响力的重要维度,一定程度上说也是主流价值观对节目审视的结果,纸媒对舆论把关和引导的重要性,使得我国国内大多数媒体对"好声音"节目的报道总体上是呈"客观记录,有限肯定"的态度的。虽然报道的文章有限也比较杂乱,考虑到分析的时效性,为了更好地理解"好声音"的传播效果,这里主要选取 2014 年度新华社、《人民日报》、《光明日报》、《中国青年报》和《法制日报》等权重主流媒体以及浙江省纸质媒体《浙江日报》《钱江晚报》《杭州日报》《都市快报》等主流媒体关于"好声音"的报道进行报道视角的选择分析,研究发现主要存在以下视角:产业分析和对策视角、人物视角、影响力视角、现象描述视角、文化视角和现场新闻视角等,以此来以期更好地分析纸媒对"好声音"的关注度和关注点的变化,来进一步阐述和确认"好声音"的内容意涵和影响力。

"好声音"是由有着"真人秀之父""垃圾电视之王"之称的荷兰人约翰·德莫尔打造的,"好声音"节目版本通过荷兰本土试验,经由美国放大影响,再到全球版权输出,成为有史以来最成功的音乐类真人秀节目之一,其版权卖到全球近 50 个国家。该节目拥有极为严格的"production bible(制作宝典)",里面规定了从抽象的节目风格到具体光线设计、剧院结构、拍摄机位和参赛者标准等的所有细节,是文化工业时代标准化流程的产物。

2011 年,《美国好声音》在 NBC 播出,收视率远远超出预期的 3.0 而达到 5.1,高于绝大多数热门的电视节目,打败了"美国偶像",成为新的收视冠军。2012 年 7 月,《中国好声音》热潮席卷全国,刘欢、那英、庾澄庆、杨坤担任首届导师,节目成为当年最有影响力、最有竞争力、最有传播力和最有创收力的标杆电视大片。

第三季《中国好声音》在节目播出的 3 个月周期内,实现了周周收视冠军的纪录,收视率持续破 4 的成绩也让其他节目望尘莫及,总决赛当晚的平均收视率达到 5.714%,最高点达到 6.854%。尽管难免争议,但《中国好声音》收视冠军与话题之王的宝座还是坐稳了。第三季"好声音"与新浪、网易等门户网站的热门话题的互动极大地增强了其影响力,有统计称"好声音"的腾讯视频播放总量达 41 亿次,在社交媒体方面,"好声音"多次登上新浪热门话题榜冠军,新浪微博话题讨论量也已突破 40 亿条。为了更全面地推广"好声音",加多宝还与腾讯达成全面战略合作伙伴关系,整合腾讯旗下新闻、视频、音乐客户端、游戏等终端,拓宽其线上线下传播渠道。

中美"好声音"同宗同源,但又有诸多差异,本研究的展开将紧扣对比对照思维,在不同的行文环节中呈现。"好声音"在全球范围的成功,不仅在于它所释放的正能量,更在于契合了媒介化社会人们对美好的向往、对公正的期待,虽然版权及制作宝典相同,但不同国度的呈现方式还是不一样的。

一、产业分析和对策视角

《做好产业布局才有竞争力》《突围同质化的困局》《选秀之困》《〈中国好声音〉如何打破生命力怪圈?》《浙江卫视节目创新,叫好又叫座》《市场追捧正能量》等这些文章都是针对真人秀相关的产业发展现状、发展瓶颈和对策建议的角度来分析真人秀节目的发展,有些文章是专门阐述,有些是部分涉及《中国好声音》。分析发现纸质媒体主要的视角有以下几点。

1. 肯定产业布局

《中国好声音》模式一度成为电视行业的热点话题,主要在于它全方位、立体化、多维度地布设产业格局,并在过程中较好地整合了内容、广告、活动和资本四类资源。

2. 节目瓶颈的讨论

《中国好声音》通过购买版权开创了导师与歌手的音乐竞赛模式,但版权引进节目容易"撞脸",如《中国好声音》就遭遇了《中国好歌手》《中国好歌曲》等的正面竞争。竞争激烈、内容创新乏力、节目公正性遭到质疑,网友热议连续三年获得冠军的选手都不是公认"好声音",节目可持续发展受到挑战。虽然节目在第三季增加了媒体投票、观众投票程序,提高比赛结果的观众参与度和透明度,但结果并没能让公众满意。

3. 保持节目生命力

《中国好声音》的生命力主要在主打草根青年励志牌,年轻、草根、励志、梦想具备多重话题性;互联网上的全新布局强化了"好声音"的传播,官方 APP 项目、与腾讯视频独家合作关系,加强了互动性;浙江卫视数次获得权威机构颁发的"最具有网络影响力的电视媒体"等称誉,主要原因在其节目价值观导向、节目传递正能量和高收视率,"用大情怀、大梦想完成大综艺转型,大综艺的涵义在于区别众声喧嚣的小娱乐"。

4. 强化核心优势

通过采访一系列相关人物,探讨"好声音"模式和涌现出来的选秀歌手如何能够持续走下去。总的来说,认为"好声音"的核心优势在于对音乐极致的追求——每一季都有能让人记住的声音。节目注重本土文化和元素的运用,强调导师与学员的情感沟通,拒绝海外版中获得巨大成功的"偷人模式",认为其与东方的师生文化传承相冲突。《中国好声音》的文化核心是"每个人的生命中都有一首刻骨铭心的歌曲,找到它,唱出它"。

5. 创新赛制增加看点

《美国好声音》第六季为应对收视率下滑和导师出走,取消了由其原创的"击倒轮"赛制,改为连续两轮的"擂台赛"PK,导师方面用法瑞尔·威廉姆斯代替奇洛·格林,法瑞尔是"大叔级"的时尚男神,在音乐、设计和文化等领域样样精通。

6. 对策建议

略显疲态的《中国好声音》需要内容创新,建议更换导师阵容、改变赛制或是增加观众投票,延续节目当初带来的高质量与感观体验。建立新的节目评估体系,除收视率外增加考核引导力、品牌力和传播力等综合指标。节目成功在要会讲故事和要能推出"人"(不管是明星还是草根)。应该增强真实感,人们为了一个高水准歌手因情绪激动而发挥失常落泪这样的内容是最能激起共鸣的。可以增加赛事透明度,如总决赛环节现场观众的投票数量是不公开的,谁最先晋级、谁的支持率高这些都由主持人公布,并没有体现具体的票数,虽然是出于尊重节目的原版设计,但少了刺激的悬念以及产生对赛制公平性的质疑,可以进行本土化改造。

二、人物报道视角

根据《帕尔哈提:因为独特,所以"走心"》《吴莫愁:自信舞动世界》《亚当·莱文娶超模》和《做评审发专辑 社交网站她最火》等文章报道内容综合分析,我国纸质媒体留给"好声音"学员的篇幅笔墨是很有限的。作为一档娱乐节目,其宣传主要只能通过网络、社交媒体,而纸质媒体更多报道的是有一定新闻价值或视角价值的事件或人物。

1. 独特且"走心"的存在——帕尔哈提

纸质媒体对帕尔哈提情有独钟,对他的报道篇幅超过冠军张碧晨,作为充满民族元素的"最独特的好声音",他是音乐人的一面镜子,在音乐的道路上没有迷失自我,"不谈梦想,相信水到渠成",心态知足、从容淡定、独树一帜。

姚晨在微博猛夸:"帕尔哈提是一位音乐家,也像一位诗人。他写的那首歌曲感人至深,歌词如诗歌般朴素美好。他的歌声让人想起自己当初为何歌唱。"导演高群书也"唯恐天下不乱"地"吐槽"唯一没有转身的导师齐秦:"心碎……齐秦很羞愧,他终于知道了什么叫歌者,什么叫吟唱。"

他的故事有点像他的歌声,有味道。"我娶了老婆,还有两个可爱的孩子",背后却是亲人相继离世的辛酸;"我不懂五线谱和简谱,就把歌记入大脑",但可以每年夏天都受邀去欧洲的音乐节表演;"我从小就这样安静,喜欢大自然"。不论是聊到任何话题,帕尔哈提的语气始终淡淡的,不煽情也不掩饰。"我不追求梦想,只要认真唱歌,梦想会来找我",如果真要说梦想,帕尔哈提目前的愿望听上去要更加疯狂,因为他希望有朝一日能去监狱里为犯人们唱歌,"因为他们都在等待机会重生,我希望我唱歌能够帮助别人,希望我的歌声能帮他们做个好人"。

汪峰队内考核 16 进 4 时,他死死攥住汪峰的手,不让他宣告自己的胜利。汪峰队内冠军赛时,媒体评审给他 51 票,他反倒来了句:"我真的不想赢,输了,我高兴,就不用练歌记歌词了。现在输,我跳个舞下去都行。"

身为维吾尔族人的他,对汉语的掌握很有限,决赛夜的几首中文歌都是靠在小本子上用拼音标音才"死磕"下来的。据介绍,看起来沉默寡言的帕尔哈提私下很爱"使坏","比如通知他下午三点要录视频,他会在两点四十分突然告诉节目组他还没洗澡、没做准备,让我们陷入慌乱。但其实他是故意逗的,下午三点他一定会准时出现"。

2. 顶着光环的张碧晨

张碧晨作为韩国练习生,相比于其他"好声音"的业余身份,她不仅接受过专业的声乐和舞蹈训练,而且还参加了一个韩国女子组合,出过单曲,但对观众来说反而有了更多期待或贬损的空间。张碧晨的特色其实也很鲜明,是那种低调不张扬、谦逊又有温度、淡定又投入的小美女。她的梦想话语是:"这次来'好声音',就是想在一个离家近的舞台,唱一首爸妈听得懂的歌给他们听。"从一个小的角度切入,回应了对亲情的重视。

张碧晨的声线被乐评人"耳帝"评价为"自然又浑厚的低喉位,充满气感与磁感",她的表现非常稳定,歌曲演绎细腻动人。张碧晨每天一醒来就开始练歌,除了在赶路的途中练,化妆和换衣服的时候都在见缝插针地练。各种劳累加上高强度的练歌,见人总爱笑的张碧晨病了,嗓子严重充血,总决赛其实是在嗓音条件欠佳的情况下进行的。

3. 需要对抗焦虑的秦宇子

秦宇子曾报名参加第二季《中国好声音》，但她连盲选都没机会参加，第三季闯进四强，她觉得像做梦一样。"秦宇子是个追求完美的人，别看她在舞台上总是很嗨显得气场很强，其实她的状态很不稳定。"自从参加第三季节目以来，网友和观众对她"热辣性感"的形象有褒有贬。

4. "后现代"的吴莫愁

吴莫愁拥有青春、奔放、热情、勇敢、自信等满满的正能量，代表着希望和旺盛的生命力。她的可塑性非常强，"前沿""新潮""先锋""变革"都是吴莫愁的标签。

5. 对《美国好声音》导师的关注

亚当·莱文娶超模。"全球最性感男人"，风流倜傥的 Maroon 5 乐队主音亚当因为在《美国好声音》中担任导师，近几年来人气一路暴涨，被国内观众戏称为"骚当"。

"菲董"法瑞尔跨界玩转时尚圈，是从幕后到台前的全能音乐人，也是设计潮人，人称"穿衣教科书"。

夏奇拉在社交网站上创造了一个新纪录，她的"脸书"获得了一亿粉丝。她认为和粉丝即时的互动是非常有意义的，社交媒体帮助明星弥补了舞台和观众之间的差距。

三、影响力视角

根据《华人圈掀综艺节目"华流"》《一"加"独大的中国好声音》《"V潮流"引导新时尚　传播正能量》《第三季度综艺节目观察：没有超级"彩蛋"的夏天　缺少现象级的大"惊喜"》《〈中国好声音〉训练"中国好观众"》《中国蓝：彰显媒介多元时代的电视力量》《中国蓝"国字系"品牌打造梦幻拼

图》等文章综合分析,纸质媒体总体上肯定了《中国好声音》的影响力,但不乏担忧。

1. 戏剧元素的充分运用

第三季《中国好声音》精彩纷呈,好声音带来的感动背后还有真正的吸引力,即那些戏剧元素——对抗、争抢、感人的故事、精心设计出来的随性,观众的鉴赏能力和审美能力也在加强,摆脱模式依赖的最好办法是加大节目的创新性和深度挖掘。电视综艺节目终究是这个时代的一道文化快餐,制作快餐的终极宝典是触碰观众们内心最柔软的部分。

2. 现象级节目何为

《中国好声音》成为浙江卫视的名牌栏目,三季节目平均收视率破4,话题讨论量过亿和对台湾等地区强势输出,使其被娱乐评论界称为无可争议的、跨时代的"现象级"栏目。"现象级"节目应该有大格局、有气质、有文化内涵和人文理想,包含能引起大多数人共鸣的价值观,传达出一种心灵的震撼。

3. 契合草根价值观

《中国好声音》是在为生活圆梦,给予普通人公平竞争的机会,其机制契合人们崇尚的"平民英雄""草根明星"的价值观,惊艳的嗓音加动人的故事,让普通人在舞台中心唱出了人生历程、世间百态。

4. 对华人华侨的影响

第三季《中国好声音》热销海外,在境外社交平台、境外视频网站火爆,不少多才多艺的华侨华人还参与节目制作,如香港"小清新"组合Robynn&Kendy、留学乌克兰的"神奇嗓音"周深等。文章认为"真情"是拉拢华人观众的"秘笈","娱乐"之外,让人与人之间包括亲情、友情、爱情等思想情感与观念等通过电视传媒平台,得到最大限度的交流。节目中嘉宾、专家、主持人之间的对话,呈现出一种观念碰撞、思想交锋的态势。不同的视角、不同的价值观、不同的思维方式在节目中相交织,引发华侨受众对中西文化与情感观念的关注和深思。

5. 观众审美疲劳

《中国好声音》第三季还是当年第三季度荧屏上最热的话题,但无论是类型上还是创意上都没有带来太多新意,观众出现审美疲劳,认为相较于前两季表现平平,没有出现大惊喜,前景堪忧。

6. 《美国好声音》现状

在综艺节目方面,土豆独家购进的 NBC 电视台王牌节目《美国好声音》也是年轻人喜欢的节目,并且符合土豆"青春、个性、自主、有趣"的品牌气质。作为音乐真人秀节目,《美国好声音》让大家看到美国选秀的特色,同时在对比领略中美"好声音"的不同魅力。

2014 年音乐以及选秀类节目的整体环境还是比较尴尬的,国内多个卫视都放弃了在音乐节目领域的竞争,纷纷开拓新角度,转向户外真人秀。作为 NBC 和 FOX 两大电视台王牌栏目的《美国好声音》及《美国偶像》如今也是江河日下,在最新结束的一季节目中,前者收视率比起巅峰时期下滑了 25%,后者下挫幅度更是高达 61.63%。

据美国科技新闻网站 Mashable 报道,《美国好声音》栏目,将利用虚拟现实头盔制造商 Oculus VR 的头盔,让节目的粉丝体验当导师转椅子的精彩一刻。

四、文化视角

《没有超级"彩蛋"的夏天》《音乐选秀节目要向高标准迈进》《掌门人夏陈安解码中国蓝品牌核心》和《浙江卫视:6 年实践中国梦的电视叙事》

等文章对娱乐业态的现状表达了在文化上和价值观上的忧心,对改进娱乐产业加强文化建设提出认识和建议。

1. 娱乐精神之外

一个民族,不能只靠娱乐精神滋养。大众媒体应该有责任担当,承担"施教者"的身份,对于文化的引领、文化风气的塑造、青少年健康心灵和文化趣味的培养,都起重要的引导作用。如何实现经济效益与社会效益的双赢,擎起文化担当的大旗,而不被经济效益和各种残酷的市场指标所绑架,这是每一位大众媒体人所面临的严酷考验。

2. 音乐内涵

音乐是在旋律上流淌的文化内容和思想内涵,是社会实践和生活经验的结晶体,音乐的创作和表达都离不开现实生活的滋养和对社会人生的思考。音乐选秀节目应该抵抗声音的迷醉和狂欢,正视现实处境和时代情绪,重视人文精神的挖掘,更加注重挖掘音乐的本质内涵,更多地呈现音乐所负载的对社会生活的体悟,发展有良知的音乐事业,为社会积蓄正能量并分忧解难。

3. 浙江卫视的求索

2008 年,浙江卫视首推"中国蓝"品牌概念,提倡"蓝无界,境自远"。2012 年,浙江卫视又将"中国蓝"升级为"第一梦想频道",浙江卫视将"中国梦的电视叙述模式"实践了整整六个年头。其综艺节目之所以能够"走心",也远不止背后团队那点简单的娱乐精神,而是沉淀了这方水土千年以来的人文情怀。这种情怀包含了对人性的捕捉、对公益的诉求,以及对健康价值观的传递。

以精英的实力创造大众文化的战略布局,浙江卫视引领了中国电视的"大片时代",首创了全新的电视叙事格局。

眼界的高低决定着格局的大小，"正能量"加"高收视"也就是"叫好又叫座"的节目品质，正是"中国蓝"所蕴含的蓝色特质，对于每一档节目的打造"不仅仅要好看、好玩，更重要的是要给观众带去一些人生思考和价值判断"。

发掘"素人"是全球"好声音"共同的经典规律，也是《中国好声音》的节目核心之一，本土化过程对像音效、舞美、选拔程序、标准等一些基本要素的要求不会改变，这也是"好声音"一直被山寨却从未被超越的秘诀。

在《中国好声音》的舞台上，很多学员背后都藏着不为人知的故事。这些故事有些温馨励志，有的伤感悲情，有的有很多的曲折，几乎超乎常人的想象，不过每个学员的发掘过程都离不开工作人员幕后的付出与坚持。

五、新闻事件视角

《〈中国好声音〉第三季周五晚首播，收视率无悬念拿下第一》《〈中国好声音〉第三季：舞台背后的那些事儿》《第三季〈中国好声音〉收官，那英学员张碧晨获总冠军》《"好声音"陷黑幕？》《〈中国好声音〉第三季：看互联网思维如何定义台网互动》等文章，通过对《中国好声音》第三季的报道，聚焦软硬件升级、导师变化、现场观众感受、选手背景大起底、晋级名单揭秘、网友吐槽及其强劲的吸金能力等。

1. 录制情况介绍

报道聚焦新导师齐秦，呈现画面外的录制情况，学员既有"萌妹子"也有"回锅肉"。首期节目的选手都搭得很匀称，既有少数民族，也有海外华侨，有 30 岁的 80 后，也有 20 岁出头的 90 后，但观众对于来自马来西亚的陈永馨显得格外感兴趣。

2. 对故事的回应

来自大连的"高富但不帅"的郑俊树成为媒体围攻的焦点,不仅因为他表现太"油"、讲故事讲得太溜,也因为在唱的时候被网友爆料曾参加过去年的盲选。在记者们几轮追问下,郑俊树也承认自己参加了去年盲选的事实。

3. 黑幕说的影响

因选出的歌手与观众意见不和,第三季的《中国好声音》屡屡陷入"黑幕"丑闻,特别是一份疑似《中国好声音》第三季的内定歌手名单在网络上的热传,再度令"好声音"成为舆论焦点。

4. 互联网思维

用"互联网思维"改造"好声音",腾讯视频联合微信团队引入"微信摇一摇"电视互动模式,开创性地推出了"电视直播竞猜活动",将观看《中国好声音》直播与微信深度互动形成"台网联动";腾讯视频还出一档原创节目《重返好声音》,盲选未被导师转身的学员,如果观众喜欢,便可通过点击节目页面上弹出的"I want you"按钮进行支持,支持数最高者,将有机会重返好声音舞台。

第三节　中美"好声音"微博话题点比较分析

为了解 2014 年度中美"好声音"受传者态度和关注点的变化,笔者运用大数据软件分析比较中美"好声音"在网络上的传播,以拓尔思 SMAS 平台(支持对新浪微博的分析,采集的样本面向所有微博用户,信息的获取上按照关键词采集)上采集的信息为基础,信息采集以新浪微博为主、其他论坛为辅,分为"网民对节目的关注时间走势""参与讨论的网民属性""网民重点关注的话题点/大事件对比""网民对重点话题/大事件的态度评价对比""网民讨论该话题/大事件的原因分析"五个维度展开分析。由于《美国好声音》的传播在国内微博上只有少许声量,媒介数量及受众声量上远远不及《中国好声音》,且两个节目的受众重合度也很少,因此两者的可比性受到极大限制。以下仅对有可比性的内容及特点进行分析,对没有可比性的,如网民关注度、关注度走势等做分别概述。上述五个维度的要点如下。

1. 网民对节目的关注时间走势

网民对《中国好声音》的关注时间与节目的播出时间大致相同,而不在节目播出的时间段则关注度相对较低;网民对《美国好声音》在 5 月份的关注度较高,随后一直比较平稳,10 月以后的关注度明显减少。

2. 参与讨论的网民属性分析

本次以中国网民为分析对象,草根用户(此处指微博不加"V"的用户)最多,男性更爱看《中国好声音》,广东地区更爱看《美国好声音》。

3. 网民重点关注的话题点对比

围绕《中国好声音》出现的大事件聚焦于受观众喜爱的学员被淘汰,进而引发舆论;《美国好声音》更注重声音本身,故事点较少。

4. 网民对重点话题的态度评价对比

我们选择分析了《中国好声音》的几个重点话题,发现网友的态度以负面声音居多,并呈现出"愤怒"特点,特别是对于冠军的态度,较多网友认为张碧晨不该得冠军,有意思的是这和纸媒态度差异明显。

5. 网民讨论该话题的原因分析

原因主要来源于对公正性的诉求,本季《中国好声音》被多数网友认为比赛有失公允。对《美国好声音》在公正透明方面做的工作,网友认可度比《中国好声音》的高。

一、网民对节目的关注时间走势分析

下列图表数据,均选择新浪微博走势,不包含其他,时间范围为2014年1月1日至2014年12月31日,原因如下:《中国好声音》的宣传以新浪微博为主,新浪微博是节目方与网友互动最多的平台,统计新浪微博数据走势可客观反映网友的关注度;《美国好声音》在国内论坛讨论较少,且有意义内容不多,不能作为分析材料,因此选择热度较高的新浪微博。由于《中国好声音》的新浪微博发送量在7月15日至10月10日之间占据了总数的90%以上,即播出前后,因此特别选取这个时段去分析,这样信息更清晰,能够更准确地分析后续内容。

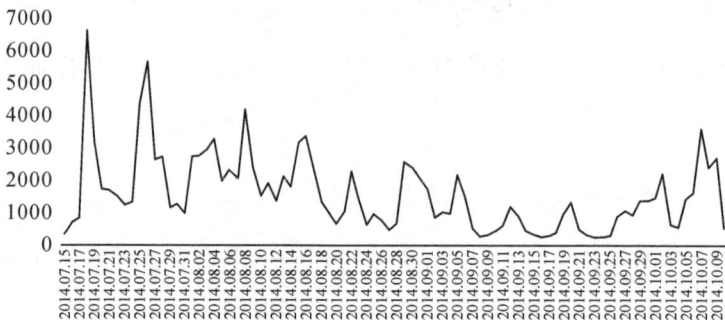

图 2-1　中国网民对《中国好声音》节目关注度走势图

从图 2-1 可以看出,网民对《中国好声音》的关注度在 2014 年 7 月 18日,即《中国好声音》第三季首播日达到顶峰。数据显示,当日微博关注人数达到 6600 人。随着时间的推移,关注度呈下降趋势,到 10 月 7 日总决赛,才有所回升,关注人数为 3615 人,但仍不及首播日。而在节目的非播出时间,关注度则直线下降,总体上起伏较大。

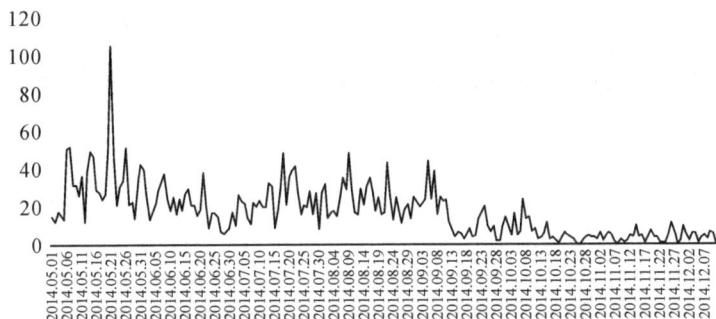

图 2-2 中国网民对《美国好声音》节目关注度走势图

从图 2-2 中我们可以看出,网民对《美国好声音》的关注,2014 年 5 月的时候最高,6 月到 9 月比较平稳,10 月以后关注度逐渐下降,接近于零;其中,关注度最高出现在 2014 年 5 月 21 日,达到 106 条,当天热论主要为《美国之声》的第六季冠军比赛,整体趋势图起伏明显,极值数目相对一致,说明受众比较稳定。

《中国好声音》的关注度轻松过千,而《美国好声音》关注度最高的才106 条,两个节目在关注量上存在巨大差异。另外《美国好声音》的播出频率、时段等也与《中国好声音》不同,导致对两个节目的关注度无法从同一时段上做出比较;但是由于两个节目的性质相同,网民会自然而然地做出比较。因此,在 7 月 18 日《中国好声音》首播日,网络上对《美国好声音》的关注也相对较高,达到 49 条。

下面引用 7 月 18 日一些网友的评论,作为两个节目的比较。网友"努力奋斗的收小衫"说:"华人唱英文歌毕竟不是那么擅长,气息跟不上声音就会很单薄,不是只有高音才能出彩,情感也可以加分的呀。"这也是多数网友问出的一个问题:好声音,究竟是拼技巧还是拼感情?网友"嗨高三狗"说:"刚刚听了几个人的,我只想说唱成这样也有那么多人转?说实话第三季的质量真心比第一季的差远了,目前为止没什么让我特别惊艳的声音。而且四位导师说的话太多了,还都是废话。能不能像《美国好声音》一样,就算说也多说一些对音乐本身的评论呢? 看节目的出发点就是要听好听的音乐,现在话比歌都多,哎。"这是对导师评论的质疑,从《中国好声音》第二季开始就有网友不断发表此类评论。

《中国好声音》的热词一直围绕"不公正""内定""故事""评论不专业"等,《美国好声音》的热词则包括"厉害""天籁""公正""专业"等。从这些热词就可看出,对于两个节目来说,公平性、公正性是至关重要的指标。

二、参与讨论的网民属性分析

本次的调查对象以在微博上的中国网民为主,分析的属性包括"微博认证""性别"以及"地域"三方面的内容,这也是系统能够完整统计的属性,其他如职业、年龄、收入、学历等无完整信息。

两个节目的受众中,最多的都是草根用户,其次是个人认证用户(包括微博达人),最低的都是机构认证;性别方面,男性比女性更关注《中国好声音》,而关注《美国好声音》的男女比例基本相同;地域方面,均以一线城市为主,其中,《中国好声音》更受海外网民喜爱,而《美国好声音》则在广东具有最多受众。

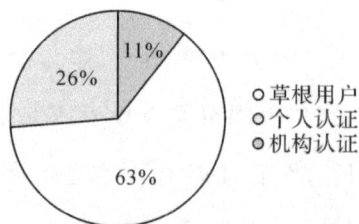

图 2-3　关注《中国好声音》网民微博身份分布图

两个节目的关注人数相差较大,可以比较的是各自的构成比例。从上面两张图可以看出,其关注人群中,草根用户的比例都超过 50%,不同

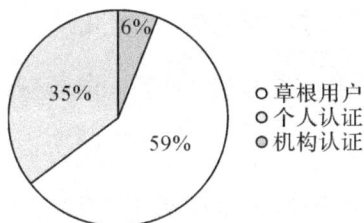

图 2-4　关注《美国好声音》网民微博身份分布图

的是《中国好声音》的草根比例比《美国好声音》的高 4％，而个人认证却比后者低 9％（注：一般经个人认证的微博身份表明具有一定的社会经济地位），说明华语音乐更能迎合草根的需求，而欧美音乐却在社会经济地位较高的人群中有较大需求。机构认证在两者中的比例均最小，反映出在网络力量上，更广泛的单个个体的联合更强大。

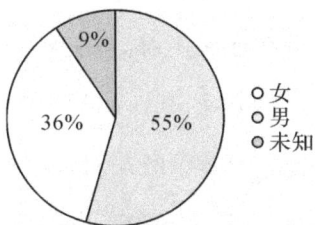

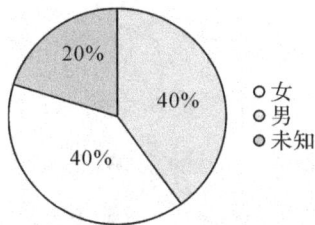

图 2-5　关注《中国好声音》网民性别分布图　　图 2-6　关注《美国好声音》网民性别分布图

关注《中国好声音》的网民中，男性比例比女性的高 19％，从侧面反映出本届在音乐风格、学员性别等的选取上更受男性欢迎。而关注《美国好声音》的男女基本比例相同，未知性别的比例比中国好声音高 11％，说明在内容的把控上美国"好声音"更具有平衡感。

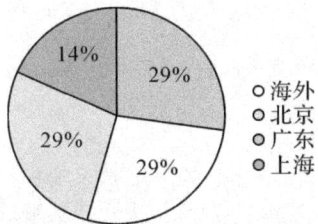

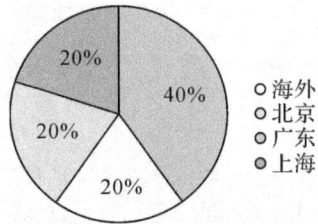

图 2-7　关注《中国好声音》网民地域分布图　　图 2-8　关注《美国好声音》网民地域分布图

关注两个节目的微博人群均以一线城市为主体,另一个比较大的群体分布在海外。通过对比,发现北京关注《中国好声音》的人群所占比例比《美国好声音》的高 9%,而在上海关注人群所占比例则低 6%;《美国好声音》在广东的关注人群所占比例最高,达到 40%,其他地区都只有20%。而《中国好声音》在海外的观众比例比《美国好声音》的要高 9%,说明海外华人更关注华语音乐比赛,一定程度上与他们的思乡之情有一定关联,华语音乐更能引起他们的共鸣。

三、网民重点关注的话题点对比

《中国好声音》的话题点主要围绕在实力强悍的选手被淘汰、冠军之争惹争议两方面;而《美国好声音》的话题则重在音乐本身,被大量转发的均是每一季里唱功出色、音质优美的选手,如《美国好声音》冠军 Danielle Bardbery 演唱的视频,就在微博上被大量转发。另外,网友对《美国好声音》创新的"偷人"模式①赞誉很高,提议《中国好声音》借鉴,以保证节目的趣味性和公平性。

1. 那英淘汰周深

事件回顾:周深在本季的比赛中以优美动人的女声赢得了大量粉丝,与李维合唱的《贝加尔湖畔》更是在网上热传,已在微博上被转发数千次。周深被认为是本季的夺冠热门人选,然而出乎众网友意料的是,他在 8 月29 日《中国好声音》第七期的 16 进 8 赛中惨遭淘汰。对此结果,众多网

---

① 《美国好声音》"导师偷人"规则简介:当导师考核赛中有一名选手遗憾落败之时,对其感兴趣的其他导师可以拍下椅子上的按钮,对其进行抢夺,成功后落败选手复活,更换导师继续比赛。如果在抢夺中有多位导师对选手感兴趣,则由选手本人挑选自己的全新导师。(摘自新浪音乐)

友纷纷表示不理解,甚至有激动的网友在网上发起了"反对比赛黑幕"以及"那英滚出娱乐圈"的话题。

2. 汪峰淘汰陈乐基

事件回顾:陈乐基本身就是杀手铜乐队的主唱,热情奔放自由的台风深受网友喜爱。在本季的比赛中演唱的《月半小夜曲》感情丰富,被网友称为"赋予了这首歌新的生命"。但是,他在 9 月 5 日《中国好声音》第八期比赛中遭淘汰,结果一出就有网友喊出"汪峰滚出比赛"的声音,也是本季受争议淘汰选制的开始。

3. 汪峰淘汰章子怡闺蜜莫艳琳

事件回顾:章子怡的闺蜜莫艳琳来参加本季《中国好声音》比赛,而章子怡与汪峰的热恋造成了一定的舆论热议。在 9 月 5 日《中国好声音》第八期比赛中,汪峰淘汰莫艳琳,网友戏称"回家会被罚跪搓衣板"。也有业内人士认为,莫艳琳这些出道歌手早已有约在身,来参加比赛只是为了增加人气,并不需要走到很靠前的名次。因此,莫艳琳本次被淘汰可说是一种宣传手段。

4. 张碧晨夺冠

事件回顾:作为《中国好声音》的首个女冠军,无论从背景、资质、话题数、唱功、台风上都很有争议,也把"好声音冠军内定黑幕"抛到了舆论高点。帕尔哈提作为最被看好的夺冠热门,获得亚军,引起大量网友不满。《中国好声音》官方微博账号在 10 月 7 日 22:58 发布的张碧晨夺冠消息,短时间内被大量转发评论,截止到 12 月 10 日,已被转发 4247 次、评论 7412 条;而新浪综艺发布相同的信息后,被转发 6388 次、评论 2856 条。据简单抽样统计,有五成的网友不支持张碧晨夺冠,三成认为帕尔哈提应该当冠军。

四、网民对重点话题的态度评价对比

本节的数据分析均以拓尔思 SMAS 平台为主,采集来源新浪微博,采集时间与上文相同。以下就几个重要话题的网民态度进行量化分析。(话题的热度以官方微博转发量＋评论量总数为参考)

1. 那英淘汰周深

8 月 29 日,《中国好声音》第七期 16 进 8 赛中,周深遭淘汰。当晚,关于周深淘汰的微博超过 1000 条,网友大多数的态度是"愤怒和不解",相关媒体均报道此事,为周感到惋惜,而《中国好声音》也发微博表示不舍。经过对 1523 名网友评论进行统计,提炼出几个主要观点,得出下面的统计图。

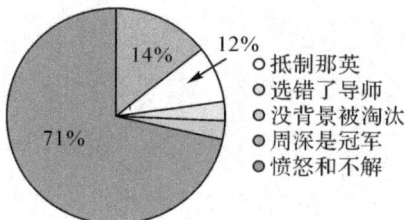

图 2-9　周深被淘汰网友态度分布图

从图 2-9 可以看出,网友的态度以"愤怒和不解"为主,占比 71％。如网友"CYQME"评论:"周深唱得好,那么独特,凭啥李维好讨厌他。周深的歌声比较独特,按照好声音的定位应该完全符合,却因为种种原因被淘汰。"网友给出的态度说明了节目组在选才制度上有待完善。而认为"周深是冠军"的则占比 14％。如网友"lucky_43203"的"周深如果留下,绝对是冠军。周深,加油,你是这一季最后的好声音"反映出这类网民的态度。而 12％的网友猜测、谴责《中国好声音》有内幕,没有背景就被淘汰等,如网友"Dream 围脖 Hui"说:"那英滚出中国好声音。"网友"指尖的幸福——"说:"完全就是黑幕,那英队的,谁有实力谁就会被黑下去,周深哪点比那个差？他压根没周深唱得好，就反映了这种态度。"同时也有3%的网友惋惜周深"选错了导师"，才导致被淘汰的结果。

2. 汪峰淘汰陈乐基

9月5日，《中国好声音》第八期，陈乐基被汪峰淘汰，一时网络上充斥着指责汪峰的声音。陈乐基唱的自己改编的《月半小夜曲》，赢得了大量粉丝，被淘汰后网友纷纷议论调侃"汪峰淘汰陈乐基是因为想上头条"也一度成为微博热议话题，通过对1181名网友态度的分析，得出下面的统计图。

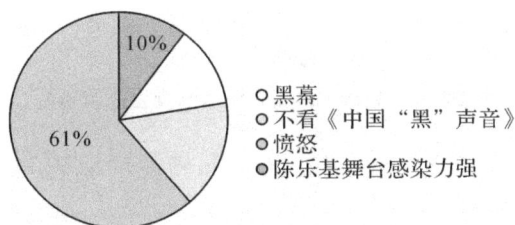

图 2-10　陈乐基被淘汰网友态度分布图

图 2-10 表明，网友的态度仍是以"愤怒"为主，占了 61%，如网友"调调睡不着"评论："气死了，乐基的那首《月半小夜曲》是最好听的，比原版都好听，怎么能淘汰他！"这可代表此类网友的态度。其次是因为本次陈被意外淘汰，网友纷纷猜测有"黑幕"，表示转战《爸爸去哪儿》，不再看《中国好声音》。如网友"忙碌到死的蛋蛋"说："终于可以放心看《爸爸去哪儿》了，你们好自为之吧……给汪峰搞成这样……"而关于"陈乐基舞台感染力强"的评论也占了 10%，网友表示很喜欢这个香港男孩，音乐反映了他的梦想。如网友"Amanda_yoko"写道："我到现在都不服这个结果！觉得陈乐基淘汰的太冤了！还有什么是能超越经典的吗？我们也太冤，因为本可以多看到他台上的表现、多欣赏他的歌声！"说明陈乐基的舞台感染力和粤语歌曲都很受网民喜欢。

3. 汪峰淘汰章子怡闺蜜莫艳琳

9月5日,《中国好声音》第八期,汪峰淘汰章子怡闺蜜莫艳琳。本身莫艳琳的歌声并没有得到众多网友的认可,但是由于有章子怡的牵扯,因此就有网上传出汪峰通过淘汰妻子闺蜜上头条的话题,可说是调侃性质比较重。通过对257名网友的态度分析,得出下面的统计图。

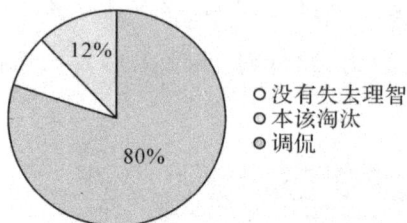

图 2-11　汪峰淘汰章子怡闺蜜的网友态度分布图

网友的态度以调侃为主,占80%,如网友"DoWim"说:"《中国好声音》淘汰陈乐基和章子怡闺蜜这是为了上头条吧。"其次认为莫艳琳唱功不行,本该被淘汰的占12%,如网友"怎么办不会起名字"说:"我觉的她唱的一般般啊!都是炒作起来的。"

4. 张碧晨夺冠

本季《中国好声音》的冠军是受争议最大的一季。首先,张碧晨是三季好声音冠军里的首位女性,而其身上复杂的话题点也是历届之最;其次,作为亚军的帕尔哈提完全有拿冠军的实力却没有得到的消息,在众多网民中炸开了锅,认为黑幕太重,加之陈乐基、周深、李维等被淘汰,许多网友表示以后都不会再看《中国好声音》,下面是针对7412名网友的评论,做的抽样统计。

从图2-12可以看出,网友对本次的冠军张碧晨是很不认可的,有62%的网友认为"她不配得冠军",无论从唱功、特色、选曲、背景哪个方面,都不符合冠军的要求。如网友"dsertyipijhg 荷花"陈述道:"这还是

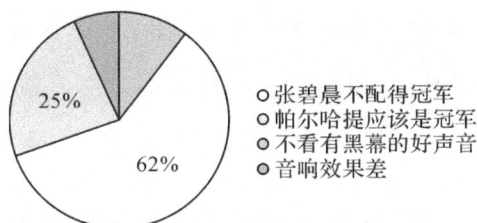

○张碧晨不配得冠军
○帕尔哈提应该是冠军
○不看有黑幕的好声音
◎音响效果差

图 2-12　关于《中国好声音》冠军网友态度分布图

《中国好声音》吗？我看是帮"韩国好声音"做宣传吧！张碧晨无论什么都像韩国歌手！特别是唱歌！好不容易女生得了个冠军结果是从韩国回来的！而且还是个'私生饭'！真是侮辱了《中国好声音》!"这可以说是代表了很大一部分人。张碧晨在韩国的不成功、台风的单薄，自然被网友攻击。而认为"帕尔哈提应该是冠军"的占 25％。如网友"神仙你妹"这样说："帕尔哈提在国外得到认可，就是因为老帕唱的是中国的音乐、民族的音乐！中国需要这样的音乐人！而不是像张碧晨模仿韩式唱法，吐字像蹦豆子，哭丧脸，难听死！难道中国已经被韩国文化侵略了吗？悲哀!"他们认为《中国好声音》的初衷是通过选取中国好的声音，为华语音乐注入新鲜血液，让世界乐坛都听到中国的声音。因此，这次的冠军被强烈质疑也是因为实力一般、无特色。由于本季很多受网友喜欢的学员都相继离开舞台，网络上不断有人喊出"不再看《中国好声音》"的话语，透露出一丝无奈与悲凉。网友"忆梦 sat"说道："这个算冠军的话，韩国随便来个也能做到，看来《中国好声音》标准真的很低！刘明湘、帕叔、宇子、雪漫的实力都要强过她好几倍。唉，这结果就是对《中国好声音》最大的讽刺，绝大多数的观众听了不喜欢、不服，这能叫冠军吗？我要是她，这冠军会没脸皮拿的！这内幕也太黑太假了吧!"本次冠军夜的音响效果也被网友诟病。网友"田润 Into The Rain"说："《中国好声音》里号称第一现场音响师的金少刚就这水平？电视里听到的是舞台现场一片嘈杂，所有选手的音质都没之前节目好。这是我见过音质最差的音乐选秀节目的总决赛! 没有之一!"从上面的分析可以看出,本季淘汰了很多让网友喜欢的选手,最后的冠军又非实力强悍,可以说是被批评最多的一季节目。

五、网民讨论该话题的原因分析

一个好的真人秀节目,必须有公平和真实。对比《美国好声音》,可以发现网友关注两个节目的点都不一样,而分析本次话题点的背后,主要在于"公平"二字。抛开媒介环境、媒介文化和网民特征的不同,单纯从话题讨论的角度可以发现两个节目的主要不同点在于以下几点。

第一,《中国好声音》开启了纯粹以声识才的新模式,在国内引起巨大关注与模仿风潮。但是,节目仍逃脱不了现有节目的通病,如网友多次质疑的内定黑幕、过分煽情而非以歌声取胜、故事太多等;在《美国好声音》收到的评价里,最多的是某个学员唱的如何好,并没有牵出这个学员的背景和相关故事,可见,他们表现得更注重公平、透明和音乐本身。

第二,从内容上来说,第三季《中国好声音》总体延续前两季的风格,创新不够,虽然收视率仍比较高,但由此反映出来的网民对节目还是有更高的期待。针对媒介市场环境的变化,节目组需要从战略层面上来思考节目本身的核心优势和可持续发展能力,而非将收视率寄予各类故事;《美国好声音》则更注重创意,用不同的方式去挽留好的人才。这是两者很大的区别。

第三,相比其他音乐选秀类节目,总体来说,"好声音"的舞台够炫酷,对选手和导师们的表情、手势等捕捉到位,近景镜头比较多,剪辑也比较流畅,能够给观众较好的观看体验。与《美国好声音》相比,选手的每一首音乐基本是唱完整的,而不是才短短的一分钟以内,这个设计主要考虑了音乐本身对节目的价值,显然观众也比较赞同。

第三章　中美"好声音"故事伦理比较分析

生活由各种各样的故事构成,故事的主要构成要素包括人、事物和事件等,其中又与情感、意念、价值和行动相关连。叙事的题材即故事,真人秀节目中的故事是对客观生活的记述、编辑和表达。叙事重在创造和编撰故事,真人秀的叙事要求一切以真实为前提,真实是获得认同的基本条件,好的故事能丰富节目内容、激发人们对节目的认同和理解;但不同的人群对故事的理解和感受是不一样的。在这一章,我们要分析的中美"好声音"是如何讲述故事的,怎么样才能更好地讲述故事,使节目叙事表现更为出色,更加符合故事伦理的需要。从一般意义上看,道德叙事的构成要素主要为叙事主体、叙事客体、叙事内容和叙事方式,考虑到真人秀叙事本身的客观要求,我们将把重点放在叙事主体和叙事内容的分析上。

一般来说,故事的展开需要通过设置悬念、冲突和矛盾来增加故事的吸引力,使用譬如家庭矛盾、生活困境、价值观的冲突、理想与现实不匹配、个人气质与表现差异、人物形象与声音差异等元素来构建舞台表现的张力。但由于真人秀节目对真实的要求,又要权衡表现力与本真的关系,从中发现人物和事件的魅力,具体内容包括主题的设置、题材的选择、结构的优化、故事的类型、人物关系的调试、对比赛或是竞争的态度、对唱歌的态度以及对失败和成功的态度等,研究真人秀节目如何讲故事成为有趣的视角。

第一节　主要研究方法的设计与选择

为了更好地研究分析中美"好声音"的叙述方式和对故事的设计、理解及其伦理表现,我们把依次保存整理的"好声音"文本内容,看作为一个可供质化研究的经验材料,主要采用最新的质化软件工具包 NVivo10.0 进行数据处理分析。NVivo10.0 是目前流行的专业计算机辅助定性分析软件,具有将定性数据尽可能量化的取向,由 QSR 公司推出,可以管理文档、PDF、视频、照片和音频等文件中的信息,并对数据进行快速深度的定性分析。然而 NVivo 软件在新闻传播学研究领域的应用还处于探索阶段,所以在研究的过程中难免还有生硬的地方,工具仅用于统计辅助,文本内容分析照样需要投入精力。

一、样本的选择

《中国好声音》总样本量为三季,而《美国好声音》总样本量为七季,总量不平衡,播出时长也有差异,考虑节目制作过程都有严格的"制作宝典"做参照,细节都会随着市场的变化而做调整,为此,截取同一时间段的作品来分析较为合适;考虑到时效性和样本的获取方便,选取了《中国好声音》的第三季和《美国好声音》的第七季来做比较分析。

样本总量确定后需要完成抽样,抽样完成后开始对"好声音"的视频数据进行转录、整理和分析。抽样的方法一般为随机抽样和立意抽样,由于随机抽样不符合本研究开展的需要,为此本研究采用立意抽样的方法。首先根据研究目的抽取和确定样本,因为是音乐评论类节目,而主要的分析对象是其中的叙事,为此样本选择主要包括前期盲听海选阶段的大多数样本加上部分淘汰赛的样本,使样本不仅具有代表性和典型性,也能够更好地进行分析阐释。

本研究样本的选取方法采用质性研究中常用的立意抽样法。具体方法是,先收集《中国好声音》第三季(来自腾讯视频,总共 15 集)和《美国好声音》第七季(来自腾讯视频,总共 27 集)中对所研究问题有价值的期数,并把视频中的音频转录成文字,形成文字样本。样本的选择主要考虑要覆盖所有学员的参赛情况,为此盲选阶段和淘汰赛阶段的比赛内容基本选择入内,之后再根据对话价值选择 1—2 期做比较分析。

《中国好声音》样本总期数共选择 12 期(总时长:约 21.2 小时;总字数:104008),具体如下:

1.《140718 好声音回归　陈永馨被指似"森蝶"》(时长:105 分钟;字数:13671);

2.《140801 汪峰飙歌狂抢五人　齐秦无人入队》(时长:97 分钟;字数:14086);

3.《140808 七名 90 后"小鲜肉"扎堆飙歌　齐秦猛抢四人》(时长:99 分钟;字数:12592);

4.《140815 盲选收官学员有来头　子怡闺蜜翻版袁姗姗被抢》(时长:97 分钟;字数:14338);

5.《140822 外卡赛现大牌学员魏雪漫　罕见让学员三次登台》(时长:98 分钟;字数:11965);

6.《140829 那英队四强全是美女　陈冰透视性感周深淘汰》(时长:102 分钟;字数:3476);

7.《140905 汪峰队四强出炉　小张柏芝胜出子怡闺蜜出局》(时长:103 分钟;字数:4110);

8.《140912 叶剑英孙女遭杨坤淘汰　陈永馨刘珂被喊在一起》(时长:104 分钟;字数:3857);

9.《140919 齐秦队决四强黄渤开嗓那英被迫转身　汪峰恋情遭调侃》(时长:106 分钟;字数:10296);

10.《140921 十六强首度合体＋四朵金花放狠话　那英哽咽致歉淘汰学员》(时长:90 分钟;字数:8934);

11.《140926 那英、杨坤队选歌国际范　陈冰离场余枫成黑马》(时长:103 分钟;字数:5472);

12.《141007 张碧晨胜帕尔哈提加冕冠军　直播状况多网友狂吐槽》(时长:166 分钟;字数:1211)。

《美国好声音》样本总期数选择 15 期(总时长约 17.7 小时;总字数:164940),具体如下:

1.《140902 骚当写诗求爱韩裔萌妹》(时长:85 分钟;字数:12937);

2.《140924 菲董骚当为抢人互拆台》(时长:84 分钟;字数:13365);

3.《140930 亚当高调膜拜单亲妈妈》(时长:85 分钟;字数:13348);

4.《141001 法瑞尔下跪求被萝莉选》(时长:85 分钟;字数:14092);

5.《141007 骚当跪地欢迎美女学员》(时长:85 分钟;字数:14443);

6.《141008 小鲜肉来袭惹导师疯抢》(时长:84 分钟;字数:11186);

7.《141014 双姝瞪眼对唱激情斗艳》(时长:85 分钟;字数:14563);

8.《141015 正太擂台争锋逗比奶爸》(时长:42 分钟;字数:7035);

9.《141021 吉他男 PK 翻唱酷玩金曲》(时长:85 分钟;字数:15018);

10.《141022 暖男绝杀美版吴莫愁》(时长:40 分钟;字数:7128);

11.《141028 超级奶爸压轴导师哄抢》(时长:85 分钟;字数:14411);

12.《141029 气质帅哥迷倒史蒂芬妮》(时长:43 分钟;字数:7224);

13.《141119 十强鏖战格温卖力助唱》(时长:41 分钟;字数:4185);

14.《141125 怪咖男旷世魔音震评委》(时长:85分钟;字数:11129);

15.《141126 霉霉倾情献唱大秀金嗓》(时长:41分钟;字数:4876)。

二、研究问题和主要研究方法

选择的样本从总的时长和字数上粗略来看,中美"好声音"在编排上存在明显的不同,较大的区别在于:一是《中国好声音》学员的每首歌曲基本都演唱完整,导师们转身比较慢,一首歌的时间在3—4分钟;而《美国好声音》学员演唱的每首歌曲大概在1分钟,导师们转身相对较快,导致基本上同样内容的一集节目最多相差有20分钟。二是前者的导师发言环节,除非遇到非常精彩的选手,会用较多篇幅交流,其他的普通选手给予的评论时间相对较少;而后者对每位选手的关注篇幅基本相同,差距不会太明显。三是前者广告时间占据较大比例,也是影响时长和字数的因素之一。

选定样本后,根据内容分析总的思路,借用质性分析统计工具,把《中国好声音》和《美国好声音》的文字材料分成两个文件夹导入质性分析软件 Nvivo10.0。在软件中,用"节点"表示文本资料的类目或范畴,子节点表示子类目,最小的子节点下面是对文本的具体编码。这些编码是样本中截取的一段话或一句话或是节点周边小幅度临近区,以能够表达和发现具体的概念或解释为原则。本项研究主要采取的具体编码方法,一是先建立具有类目性质的节点和子节点,然后在节点下面进行编码;二是先编码再归纳整理出子节点和节点。由于分析的需要以后者为主要编码方法。

由于使用该软件主要是为了增加分析统计的效度,更多的是为了研究问题"如何"和"为什么",而非精确的数据统计。为此在编码方法的研究设计上,主要使用 Nvivo 提供的文本搜索等功能先粗略地将材料组织成宽泛的主题,接下来再对每个主题的节点做深入挖掘,进行更加细致的编码。譬如将所有与"梦想"有关的内容收集在一起,然后再进一步发掘节点,寻找关于"梦想"的有趣观点、矛盾或假设,主要使用到了主题编码、分析编码和描述性编码以及"案例"编码。此外还可经常使用 Nvivo 查询功能能来查找并分析材料来源和节点中的词或短语,分析特定的词或出现频率最高的词。

在系统编码开始之前,笔者根据现有材料和研究目的,初步提出了以下五个研究问题。

第一,中美"好声音"在选手的选择上,除了声音之外,会不会有其他侧重点? 节目是如何介绍或是呈现选手的? 选手的故事类型有哪些? 其中可以产生哪些伦理意涵?

第二,导师们对音乐和声音的理解与态度直接决定了他们的喜好,这个喜好在节目中是如何表现的,一般的受众能否接受这种表达? 其中可以产生哪些伦理讨论?

第三,选手对"梦想""成功""比赛""生活"等态度和价值观是怎么样的? 节目是如何叙事的? 其中体现出什么样的审美取向和伦理取向?

第四,节目经过层层把关,从现场录制到后期剪辑,不同的阶段体现出不同的制作理念,面对失败或是失利,导师们是如何体现关怀伦理的?

第五,中美"好声音"在叙事上的异同主要表现在哪些方面?

这些问题主要通过对选手盲选阶段出场前的 VCR 以及与评委的问答形成的文字资料来实现编码。由于样本量较大,直接通过视频资料来实现编码可行性不高,转录成文字虽然耗费时日,但为文本搜索查询编码提供了便利。在这些研究问题提出后,本书主要采取先建立概念框架再进行编码的方式来进行研究。最终将非结构性质的规范文本以结构化的方式呈现出来,再将结果与理论背景相结合进行分析并得出结论。为增加编码效度,本书在编码过程中运用随时比较的思路进行,用归纳方法将文本内容建立开放的编码体系,编码过程中笔者通过备忘录、批注和链接随时记录想法,以便完成编码分类后更为准确地界定类别背后的主题和特征,并通过内容比对来完成比较分析。

第二节 故事类型与故事伦理

考虑到"好声音"作为一档独具特色的真人秀节目,其本身从节目样式到节目营销都具备不少话题性故事,节目自身也是由大故事套着小故事,如果对故事的分析面面俱到反而无法突出故事的价值到底在哪里。为便于对故事类型进行粗略统计、分析和理解,本书的分析围绕节目中选手所讲述的故事,或是节目制作方对故事的挖掘和渲染的方式,并以此为基础来分析故事结构和价值导向。

一、故事从哪来

在一定意义上,故事就是预设了一整套能够想象的细节的事件之连续体,也就是说,能够由物质世界的一般规律设计出来的事件之连续体。[①] 在叙事文本中的故事主要包含人物和事件及其联结,是叙事表达之内容。首先来看《中国好声音》对人物故事的讲述方式,通过对节目文本的分析,我们发现节目对选手的描述类型化、模式化,并没有过多的信息披露,主要通过盲选过程中的导师问答环节引出选手的生活背景和人物特征,但由于选手表达的含蓄倾向,节目本身的故事性并没有外界感受的多,更多的是通过多媒体关注后形成舆论来反映出所谓的故事类型,也就以类似于留白的讲述方式,留有想象空间,并通过相应的营销手段来引

---

① 〔美〕西摩·查特曼(Seymour Chatman):《故事与话语:小说和电影的叙事结构》,徐强译,中国人民大学出版社 2013 年版,第 13 页。

发大众的关注,进而形成传播事件,给人以《中国好声音》像"中国好故事"之感。

但如果跟《美国好声音》相比较,后者对人物故事的描述方式显然有更多的思考和事先的设计,并且润物细无声,给人的感觉就像跟朋友介绍一位新朋友一样娓娓道来,包括选手基本的家庭背景、曾经的挫折经历、对音乐的态度以及参加"好声音"的原因等,如果仔细分析会发现几乎每位选手都有自己的故事,都有自己独特的生活经历,或顺利或波折,但平铺直叙的叙述方式反而让人忽略了"故事"的存在,类似于客观记录,给人以真诚的感觉,加深观众对选手印象的同时也使得大众把更多的注意力转移到音乐本身而忽略其他。

二、故事脚本与传播

故事的脚本主要来源于学员的生活以及对音乐的态度和对比赛的理解,不同的学员对自身信息的披露程度和要求是不一样的,虽然都有事先的沟通和设计,但基于自身条件的话题点和公众可能的兴趣点,节目叙述者如何展开也很重要。本书先通过分析比对中美"好声音"对学员背景的介绍和挖掘来看故事的设计和传播。

表 3-1　《中国好声音》选手特征及"故事"类型列表

16 岁,李文琦,13 岁开始写歌,自认为是原创歌手
19 岁,胡慧仪,从小参加唱歌比赛,获奖养家
19 岁,刘至佳,重庆,四川美术学员舞美专业大一在读,喜欢"重口味",有梦就要做得够大
20 岁,刘珂,南昌,大三学生,男
20 岁,郑俊树,刚结束高考的大连男孩,父亲希望学金融送到美国又跑回来,到"好声音"比赛是冒险,希望成为爸爸的骄傲
21 岁,陈永馨,来自马来西亚,华人,从小喜欢音乐

续　表

21 岁,耿斯汉,大三学生,父亲警察,母亲医生,家庭环境严谨,音乐信仰
21 岁,苏琪繁,四川泸州,学生
21 岁,王凯琪,四川大凉山,外婆带大,唱歌能表达情感给她力量
21 岁,徐剑秋,单亲家庭,父亲严肃,喜欢唱歌带来的温暖
22 岁,梁栋江,中国音乐学院大三学生,作曲专业
22 岁,罗景文,吉林艺术学院大三,唱歌给妈妈听
22 岁,夏恒,湖北武汉,学生,对唱歌有瘾
22 岁,余枫,艺人,最爱英文歌,高中后就去美国留学了
23 岁,楼沁,唱歌人来疯,外婆年轻时想当文艺兵,唱歌是她和外婆最大的梦想
24 岁,陈冰,北京,金融白领,热爱音乐,四川音乐学院毕业
24 岁,李嘉格,东北女孩,开网络服装店,酷爱唱歌
24 岁,李琪,腿部受伤上台,毕业于大连艺术学院
24 岁,朱强,来自福建小山村,现在卖化肥,生意失败了
25 岁,邓小巧,来自香港,爸爸是货车司机,妈妈是清洁工,声音独特
25 岁,李致贤,武汉,货车司机,偶尔晚上到酒店唱歌顶班
25 岁,刘双双,来自河南焦作的大山里,在农田里长大唱歌
25 岁,莫海婧,喜欢发箍,喜欢复古的东西
25 岁,吐洪江,新疆,爱好京剧、古诗词等
25 岁,张碧晨,韩国练习生,曾是韩国组合 sunny days 成员
26 岁,开开,厦门,网络漫画师,酒吧歌手
27 岁,李维,乌鲁木齐,15 岁就离开家追求音乐
27 岁,钱华兴,辽宁铁岭,在医院信息科工作
28 岁,陈直,培训学校教小朋友弹吉他唱歌,曾叛逆,最爱摇滚乐
28 岁,刘明湘,来自美国旧金山,纽约大学双修心理学和经济,专程到台湾学中文,唱中文歌
28 岁,Robynn&Kendy 香港组合,已是环球唱片成员
29 岁,陈乐基,来自香港,乐队主唱,爸爸以前是乐队鼓手,乐队和音乐等同他的生命
30 多岁,南玛子呷,四川大凉山,彝族,流浪歌手

30 多，秦宇子，来自美国，中国壮族女孩，工作为录音棚 Demo 代唱，曾为布兰妮唱过小样
30 多岁，张江，新锐歌手，2002 年毕业于沈阳音乐学院，2010 年签约孙楠工作室
30 岁，毛泽少，沈阳的网店模特，大龄"剩女"，希望杨坤转身
30 岁，由美，西安，外形花哨
30 岁、26 岁，苹果园组合，男，来自北京，音乐旅行
31 岁，于勃，西安，平面设计，去年孩子出生
32 岁，帕尔哈提，新疆，维吾尔族，父母是八一钢铁厂工人
34 岁，崔忠华，女，婚庆主持人，当一名歌手是年轻时的梦想
35 岁，魏雪漫，声乐教师，本身在乐坛已经有一定知名度
36 岁，陈昕，来自贵州，现在深圳从事幕后工作，低音提琴专业，曾在民乐团工作
36 岁，伊克拉木，新疆吐鲁番，维吾尔族，农民，在外唱歌 20 多年，思乡
40 岁，赵祺，最爱航模和音乐，成都助唱歌手

表 3-2　《美国好声音》选手特征及"故事"类型列表

15 岁，Katriz Trinidad，菲律宾移民，14 个冠军，菲律宾嘉年华小姐
15 岁，Reagan James，女，父母离婚，希望能成为下一位沃思堡的著名歌手
16 岁，Bryana Salaz，爸爸军人疾病恢复中，支持，项链陪伴比赛
17 岁，Fernanda Bosch，委内瑞拉血统，妈妈是游泳运动员，现在教有身体缺陷的孩子游泳
17 岁，Joe Kirk，1 岁时父母离婚，想要家人为我自豪
18 岁，Caltin Luca，笨拙不善言辞交际，有一千个糖盒子，合唱团起步，梦想当歌手
18 岁，Elyjuh Rene，3 岁开始教堂唱歌，4 岁父母离婚，音乐帮助克服困难
18 岁，Jessie Pitts，家中有 8 个孩子，7 岁时被开水烫成三级烧伤，大学时唱片公司做兼职
19 岁，Mia Pfirrman，爸妈是音乐家，有个叫"九月"的乐队，实现父母的梦想
19 岁，Rick Manning，2 岁时父母离婚，曾街头卖艺但不成功
20 多岁，Anita Antoinette，牙买加，妈妈只有初二文化，但培养他到伯克利音乐学院毕业，第二次来
20 多岁，Maiya Sykes，出身音乐世家，妈妈找了三份工作支持她上了耶鲁大学，修了三个学位，妈妈失业，要负担沉重的生活支出

20 岁,Ryan Sill,妈妈曾是歌剧歌手,曾在大学学习工程学,曾参加过一个清唱乐团,视频网络点击次数超过 80 万
21 岁,Taylor Brashears,流动餐车收银员,中学毕业后组建过自己的乐队
21 岁,Bianca Espinal,游遍美国,希望组建乐队,自从 5 岁就开始唱歌,父亲是最大的灵感来源,和父亲一起在纽约地铁卖艺
21 岁,Brittany Butler,从小父母离婚,妈妈患上节段性回肠炎,外公外婆带大,梦想学校是伯克利音乐学院但学费太贵了
22 岁,Clara Hong,出生韩国,宴会服务生
22 岁,Jonathan Wyndham,像书呆子,小时候口吃,唱歌时没有障碍
23 岁,Griffin,家庭生活困难,客户代表,为了音乐做各种工作
23 岁,Matt Mcandrew,费城艺术学院工作,经济紧张,单亲,每周打两份工
23 岁,Megg,南加州大学音乐学院,8 岁演了首场音乐剧
23 岁,Taylor John Williams,流行发烧友,在 Sniff 狗之家工作
24 岁,Sugar Joans,父亲是 20 世纪 80 年代歌手,鞋店经理,业余婚庆队伍表演,希望把音乐当成全职工作
25 岁,Blessing Offor,出生时先天性青光眼,治疗后又在 9 岁时被水枪击中了视网膜,眼睛看不见
25 岁,Danica Shirey 曾发行音乐,三年前父亲患癌去世,全职妈妈希望为女儿提供更好的生活
25 岁,Ethan Butler,父亲牧师,从教堂音乐起步,在教堂无线电部门工作,她患有大脑麻痹症、自闭症,靠音乐交流
25 岁,John Martin,船运公司运货员,由于爸爸失业休学回家工作
25 岁,Taylor Phelan,美术设计员,单身母亲做苦力活抚养长大,爸爸经常进监狱,希望把音乐变成事业
26 岁,Mayra Alvarez,教堂唱歌长大,曾为基督电视唱歌
28 岁,Andy Cherry,教堂领唱,咖啡馆工作遇到现任妻子,曾签一份基督歌曲专辑合同但销售不理想,不会放弃音乐
29 岁,Amanda Lee,在教堂不受欢迎,但宗教音乐是最爱,曾放弃学平面设计,女友鼓励重新组建乐队
29 岁,Evan Watson,父亲是音乐家,经营一家啤酒厂,曾组建乐队后放弃了,最大的梦想还是成为音乐家,没有导师转身
29 岁,Jean Kelley,父母痴迷音乐,12 岁时母亲因心脏病发作去世

29 岁,Toia Jones,7 岁参加教堂唱诗班,父亲在他 16 岁时去世,还在饥饿边缘挣扎
30 多岁,Bree Fondacaro,音乐世家,爸爸是侏儒,妈妈正常身高,他们是巡回演唱的时候认识的,视父母为榜样
30 岁,Beth Spangler,儿童医院工作,爸爸遭遇严重车祸失去了右腿
31 岁,Luke Wade,灵魂歌者,艺术世家,职业歌手,右眼失明
32 岁,Kelli Dougias,单身妈妈,有个 6 岁儿子,中学教学也会利用音乐
35 岁,Craig Wayne Boyd,退役军人,全职歌手 11 年,未婚有子,全职老爸
35 岁,Damien,洛杉矶运输安全局,亲眼看到同伴中枪
35 岁,Jimi Milligan,胖子,父亲是老歌手。19 岁时父亲去世,为延续他的梦想,组建乐队 18 年
38 岁,Tinn Grey,来自海岛,15 岁就结婚生子了,父亲有心脏病,继承其音乐事业
52 岁,Dennis Bell,父亲心脏病放弃音乐,凭家族事业养家糊口
62 岁,Michael Stein,1990 年起就是音乐神父,17 年小提琴,曾为总统表演过,为了发行音乐专辑合约

　　以上列表内容主要是学员在节目中呈现出来的背景介绍的特点摘取,很明显我们会发现中美"好声音"对学员背景介绍的异同。

　　学员选择上,中美"好声音"的来源相对趋同,以酒吧歌手、巡演歌手、专业学习声乐或是艺人出身为主,少数从事普通工作的人深入挖掘会发现也曾经参与过音乐工作。由此可见,音乐光靠业余爱好,想达到一定水准是比较难的。再者,《美国好声音》倾向于选择有故事的选手来参加节目,这与他们对音乐的态度有关系,他们认为"当歌手有自己的故事的时候,唱歌就是在表达自己,所以你是在对世界讲述自己的故事;乡村音乐最重要的一点在于它的背景故事;乡村音乐与故事有关,为了讲述故事,你必须将感情百分之百投入,开口唱歌的时候,你必须流露出那种伤感和绝望,你不只是歌手,你更是艺术家"。

　　在对学员的介绍中,两者存在明显差异:《中国好声音》的介绍倾向于平铺直叙、一板一眼,而把更多的时间留给导师来提问个人情况,有的可以挖掘出一些有价值的信息,有些则显得多余;《美国好声音》则在学员介绍上花了较多心思,把学员最有价值的点最容易被记住的特征首先呈现出来,更多的是学员自身真情实感的流露,导师问答部分则更多的是导师对音乐的理解和判断以及抢人,包括话语的交锋和身体语言的呈现。

从学员类型来看,《中国好声音》对学员的选择从表面上看特别是介绍中并没有明显的故事化痕迹,一些爱音乐唱歌好的选手来参加,但节目组又希望在介绍之外挖掘出一些选手的故事。譬如主持人问陈冰父亲从事什么工作的时候,为后来爆料说陈冰家庭条件优越埋下了伏笔。而《美国好声音》对学员的介绍显然是经过了精心包装,每一位学员的家庭背景、工作情况和成长经历等在短短的描述中构建了一个立体的活生生的形象。学员中大多有如下情况:父母离异或去世、自身身体障碍、家庭经济困难和生活中面临困境等,以悲情经历为多,但奇怪的是我们反而感觉不出《美国好声音》的煽情或是俗套,却为选手们展示真实自我的勇气喝彩。这与节目录制过程中的轻描淡写是有关系的,节目只是告诉观众这是一位什么样的学员,但他同样在乐观地面对生活,积极地来参加比赛,反而传播了正能量。

三、故事中的表象与实质

"好声音"节目具有叙事的虚构性特征,有自身的游戏规则,对选手的选择是经过综合考虑和衡量的,要符合节目的生产需要,符合节目制作者对节目效果的预期,前提是保证节目质量吸引观众注意力和提高收视率。鉴于前两季受众对《中国好声音》中故事煽情和造假的质疑,第三季"好声音"从设计初衷上已经淡化或弱化故事的讲述,但从播出情况来看反而有些矫枉过正,原因有以下两点:一是媒介化社会的信息传播和挖掘都是非常迅速的,有效信息的传播譬如在有明显故事点的选手介绍中,若隐去他本身的特质和属性,由外在的力量来挖掘传播,导致的结果是传播失灵;二是"好声音"节目经过前两季的积累,已经具备了高知名度和高传播力,不管是参与其中的选手还是观众,都带着特定的期望心理来,选手和导师的表现是关注点,选手背后的故事也是关注点,因为爱屋及乌的心理,热门选手一般是带有明星特质的,出于"粉丝"的好奇心理,选手们如果有独特的经历是很难避免被大家挖掘和谈论的。

对故事价值的理解,中美"好声音"有不同的设想。事实上,人物故事只是一种辅助认知的手段,作为普通人的节目参与者,曲折经历可能会引起人们的共情,继而投入更多的兴趣和感情,与受众预期不相符和相悖的情形也比较容易引起争议。为此,中美"好声音"对选手的选择应该是综合考虑了节目定位、收视对象和节目播出效果后的选择,崇尚含蓄表达的《中国好声音》选择让故事隐藏在选手身后,激发观众的发现欲和探索欲,把故事与悬念结合在一起;多元化的《美国好声音》选择命运坎坷的选手来激发观众的参与热情,把故事和人文诉求连接起来。因此,中美"好声音"都没有跳出真人秀对故事框架建构的需求,只不过表现形式不同播出效果有所差异而已。

很难说哪种故事类型更符合伦理要求,但有一点是确定的,那就是生搬硬套或是美化虚拟的故事,会受到人们的诟病。故事真诚的基础来源于生活的本身,可以提炼升华,哪怕对片段进行剪切重组再造,但不能无中生有、凭空捏造。通过分析我们发现,在对故事的设计和讲述中,在伦理回应上,《美国好声音》稍显略胜一筹,它基本所有的故事都是靠细节来呈现的,截取生活的横断面或某个时间节点,来告诉观众这位选手身上发生过什么,这件事对他产生了哪些影响,又是什么促使他追逐音乐之梦,叙述清晰明朗,使观众对选手的个人信息如家庭情况、生活和工作情况等一目了然；而《中国好声音》的故事呈现方式相对粗线条，语言抽象化程度较高，也就具备了模糊叙事的空间，虽然与中国人相对含蓄的表达方式有关，但如果再加上后期的炒作和内幕风波之类的，包括选手经历的趋同和类型化倾向，则会影响人们对节目的伦理感知和判断。

第三节　传播环境与价值伦理

"好声音"作为一档真人秀节目，它具有独特的传播环境，其传播受节目类型影响，纪录性、戏剧性、娱乐性和游戏性是它的基本特征。首先，它的传播的范围为全球，作为一档母版来自荷兰的大型励志专业音乐评论节目，全球 20 多个国家同时热播，不同版本之间相互促进相互传播，不断提升影响；其次，这是一个真人秀节目琳琅满目、百花争艳的时代，要想在众多不同类型的真人秀节目中突围，需要具备自身独特的竞争优势；再者，真人秀节目经过一段时间的培育，已经培养了一批相对忠实的观众，但其审美眼光及对节目的要求也会相应提高。因此，从传播大环境来说，"好声音"节目是"前有追兵，后有来者"，自身的危机感也比较强，但随着高收视率的播出惯性，整体的传播大环境还是相对比较理想的。

传播环境中的控制因素包括"限娱令"等一系列相关规定、母版公司对节目本土化创新的控制以及市场运作单位如灿星公司和浙江广电集团等的利益分成模式、赞助商广告商对节目的影响等。要在各种限制因素下走出自己的特色，《中国好声音》做了很多努力和尝试，宣称注重节目模式的专业化，注重音乐本身价值，以真声音、真音乐为宗旨，拒绝世俗炒作，重树"声音"本位来回应管理部门对娱乐类节目思想性的呼吁；力争找到一批怀揣梦想、具有天赋才华的值得培养的乐坛新人，旨在引导年轻人树立正向积极的价值观和人生观，号称坚决摒弃"一夜成名"、追逐短期效益,抵制迎合低俗、话题炒作和故意煽情等肤浅内容,来回应社会对正能量传播的诉求。但在经济利益面前,任何可能性都会存在,关键在如何平衡经济利益和社会效益,以及权衡节目质量和观众接受度,在以上的统计分析中"好声音"做的还是不错的,当然很多不可控因素一定程度上影响了传播口碑,但至少还没影响到收视率。

一、媒介化社会与"全民参与"景观

现在来看麦克卢汉的思想,和他的理论先行者与启蒙者英尼斯一样,麦克卢汉把传播当作一种总体意义上的文明现象。这使得他专心致力于从媒介的文化特点来阐述现代传播媒介的心理学和生态学特征。每一种新的媒介技术因为产生感觉分离,如创伤效应或令人入迷的力量而在文化中创造不平衡,媒介系统的逻辑功能原来只是表达事件,现在是直接参与,改变了人们对真实的感知。媒介把事件与人们用来产生意识的工具直接连接在一起,让人们从影象进入直观。[1]

全球视角的媒体隐喻与文明冲突似乎隐藏在媒介的技术逻辑之中,技术的飞速发展消解了原有的地理边界与文明的固有形态,我们陷入一种对多元的混杂的意义的误判。新媒介技术隐形的伦理威胁表现在以下几个方面:网络技术加剧道德冷漠、人际疏离;滥用网络技术导致对个人隐私的侵犯;人与人之间信任缺失与精神危机产生。[2]

现代社会中,技术进步所引发的媒介势力极大地改变着我们身处的世界。有人将之称为媒介逻辑,与政治逻辑、经济逻辑一样,它是推进社会进步的"元逻辑"之一。社会被媒介化之后,就成了媒介化社会。媒介

---

① 陈卫星:《麦克卢汉的传播思想》,《新闻与传播研究》1997年第4期。
② 沈蔚:《新媒介技术之伦理张力——网络传播等为例》,《理论月刊》2010年第6期。

化社会的提出意味着一种深刻的社会转型,从政府、媒介自身到大众,都必须做出科学的调整。对我国来说,重要的变化之一应该是建立社会对媒介的法制化管理。[①] 显然现阶段法制无法解决所有的问题,所以经常有学者呼吁伦理的约束,而事实上,伦理的多义性及其与个体的那种天生密切的联系,还是稍显力有不逮。

社会的日益媒介化,使人对媒介的依赖正在悄悄地变为人对信息的依赖。媒介尤其是大众传播媒介是一个社会关系的中介。对大多数人来说,大众传播媒介所提供的信息、形象和思想是认识社会和历史的主要依据,是集体记忆的再现,是自我认同的参照。在一个媒介化的社会,被分享的大众传播媒介成了人们形成个人认识的一个依赖,构成一种人与社会的中介关系。这种关系可能比直接的个人关系更加冷漠,更加脆弱,更无人情味;也可能比直接的个人关系更有魅力,更有吸引力,更令人向往。[②]

媒介化社会是社会媒介化的结果,是媒介与社会之间互动关系模式的一种表述。媒介化社会的形成有三大逻辑:一是以媒介融合为特征和趋势的媒介技术演化的结果提供了媒介化社会形成的技术支撑力,为社会的不断媒介化提供了可能性;二是受众对信息永无止境的需求甚至依赖构成了媒介化社会形成的主体牵引力,是媒介化社会形成的必要性前提;三是现代社会信息环境的不断"环境化",展示了巨大的媒体影响力和建构性,是媒介化社会的必然性后果。[③]

媒介化社会的形成改变了我们对社会的认知,同时也让我们对媒介

---

① 相关观点,可参见童兵:《科学发展观与媒介化社会构建:新闻传播学的视角》,复旦大学出版社 2010 年版。
② 陈卫星:《麦克卢汉的传播思想》,《新闻与传播研究》1997 年第 4 期。
③ 张晓峰:《论媒介化社会形成的三重逻辑》,《现代传播》2010 年第 7 期(总第 168 期)。

有了更深入的体认,媒介的多元以及媒介的无所不在使得我们无法离开它的结构话语,而对媒介体制与社会关系的再认识也让我们更为了解媒介的运作及其政治市场文化的逻辑,这是除了技术之外的感知。但是技术确实把我们带到了"全民参与"时代,这里有个假设的逻辑起点是人人有"参与媒体"的良好愿望与潜力,这也解释了网络和手机的发展速度与被接受使用的速度,你无法判断是什么原因、什么时候使你与媒介卷在了一起,而事实上你无法逃开它。

我们经常拿"后现代"做解释,虽然其语义混杂,一般理解为一种思潮、一种文化或思想解构的姿态,在不同的领域有不同的解释。它的特点主要在反思、批判传统、解放个性,对天性的探索,多元、去中心化,对传统的消解、颠覆,主体、文本、意义和符号的解构,思维碎片化,时空无序,虚无的感知,理想的瓦解。一种视角是社会形态和结构的改变,技术的发展,特别是媒体的扩张,令人们须应对时代的焦躁感和精神的疲乏。其主要表现在消解传统,大众文化、消费文化和流行文化变得更为主流;崇尚视觉和感官刺激,消解深层次的体验;重视技术和工具理性,去中心化,主体消失,消费导向、市场导向。所有这些似乎可以解释媒介化社会的影响,我们与媒介相互作用造成了我们自身或多或少"后现代"境况的出现,这也一定程度上解释了伦理维度被消解的现象。

二、媒介化社会对社会心理的影响

在当前的媒介化社会中,人们都期望大众传媒在道德上担负起应有的责任与义务,但现在的传媒发展现状和趋势违背了人们的美好期待,传媒似乎容易不小心走入道德失范的旋涡,而这到底是传媒在社会发展过程中的规律性表现还是我们没有搞清楚媒介和社会的关系,并提示了传媒伦理研究应避免道德中心主义的错误倾向。从生态学的角度来看,大众传媒也只是多极"社会道德生态"中的一极而已,特殊的政治、经济、文化、社会体制等构成了大众传媒的具体社会生态环境,其中,社会公众、制度体系、文化体系等共同决定着传媒制度、传媒能够达到的发展水平及其操作理念、运作模式、文化姿态与道德立场等。①

　　来思考媒体的话语权、公信力,更多的时候媒体在考虑如何满足公众期待,公众参与不仅得益于网络公共"论坛"空间,也在于各种形态媒介的便利性增强了人们对媒介的感知和理解。公众在网络中拥有多重身份,是内容接收者的同时也是内容的制造者与传播者,而公众传播显然区别于我们一般理解的线性传播或点状传播,它看似无序又有一定的规律性。网络中的"发言权"一定程度上缺乏规制,包括外在的伦理和内在的理性。

　　新媒体作为社会景观的伦理指向困惑,人类的信息交流方式由于电子手段的出现和进步,而演变成了虚拟化的形式,交流过程中的去中心化、分散化和多元化成为一种发展趋势。这种趋势的产生不但深深影响着人们作为主体的建构方式、主体与世界关系的建构方式,同时也影响着整个社会文明的运行形态,产生并积蓄着深刻的伦理学意义。② 新媒体将文本世界转构为现实世界的虚拟化特征,割断了传统意义上的伦理形成链条,使人们日益从现实伦理世界实体中走脱出来,个体存在的伦理确认也随之开始听命于虚拟世界的召唤与建构,而不再是现实场景下伦理精神的磨砺与聚合。③

----

① 郑根成:《对大众传媒道德审判的伦理反思》,《浙江大学学报》(人文社科版)2009 年第 6 期。

② 相关观点,可参见[美]马克·波斯特:《第二媒介时代》,范静译,南京大学出版社 2005 年版。

③ 杨状振:《偏执的神话与迷离的景观:新媒体人文精神批评论纲》,《新闻与传播评论》2009 年卷。

三、"真实"情境与媒介伦理指向

波德里亚分析了消费社会符号消费的意味,指向"超真实""仿真"和"拟像",使人们理解媒介化社会的符号与意义被媒介所建构,我们处于媒介消费的符码联系之中,我们对"真实"的感知更多来源于媒介所提供的符号信息,对事实的判断和理解往往使我们忽略事实发生的情境及其背后的意义,被选择的"事实"往往是有偏向的,媒介所呈现的世界不仅模糊了事实的边界,很大程度上消解了我们对情境的辨别与探询,使我们忽略现实情况的意义。

"通过复制性的媒介,如广告和摄影,真实获得了细致的模仿,由此导致的景观(spectacle)的终结,将真实变成了超真实。通过不同媒介间的复制,真实成为任意的,寓言死亡了。但它同时也从它自身的毁灭中获得了力量,成为了它自身的目的,失去了物的拜物教不再是物的表征,而是迷狂的否定以及它自身的灭失:超真实。"①

除了关系视角之外,费希尔(Fisher)的叙事范式(The Narrative Paradigm)理论认为人性是植根于故事和讲故事上的;人们会根据故事是否合情合理或者理由是否够好而决定接受哪些故事、拒绝哪些故事;理性取决于人们在过去经历的故事中表现出来的内在一致性和可信性的感知;人们对世界的体验由一系列备选故事构成。② 社会与公众对媒体的既定要求,使得媒体在媒介化社会中需更有作为才能澄清可能产生的"误解"。

---

① [法]让·波德里亚:《象征交换与死亡》,车槿山译,译林出版社 2009 年版。

② Water R. Fisher: *Human Communication as Narration: Toward a Philosophy of Reason, Value and Action*, Columbia: University of South Carolina Press, 1987.

四、传播环境的多维视角

"好声音"的参加者首先是处在一个节目录制的闭合环境中,有舞台、有观众、有录制要求,中美"好声音"都花费巨资打造了梦幻舞台,四把导师转椅成为舞台的标志,从灯光到舞美到音效到机位,都经过考究的设计,尤其是镜头语言如特写镜头的抓取,比一般的同类型节目是更胜一筹的。经过媒介手段的叙事呈现的真实总是拟态的,讲述的虽是真人真事也只能是有限的"真实"。节目离不开策划编排、脚本设计和剪辑技巧。故事的结果也是其吸引力所在,竞赛目的和规则的设计也是围绕着如何吸引观众,只要是比赛就有竞争和淘汰机制,参与者除了专业水准的要求之外还需要有一定的表现力,在多方互动的过程中能够表现出自身特点和优势,并在面临选择、胜利和失败的时候做出真实的有生活感和带入感的反应,可以成为节目的亮点和煽情点。

节目中导师对音乐的评论和交流,使得节目中的传受双方处于人际传播的闭合环境中,导师和选手通过语言、姿势、动作和表情等交流信息表达情感,是一种直接的人际沟通形式,公开的对话构成节目的看点。人际传播注重双方的信息交流和及时反馈,如何打造亲切感和相互认同是人际传播的目的之一。人际传播对传播技能的要求相对较高,包括谈话技巧、提问技巧、倾听技巧、反馈技巧和传播技巧等,而这些技巧运用得当将会为节目增色添彩。从中美"好声音"导师团队的人际传播上来看,中国导师团队倾向于用提问来引出话题和进行深入交流,美国导师团队倾向于让选手先展示自我再深入交流;在传播技巧的运用上双方选手不相仲伯,都非常重视自身的体态语、个人形象、语言共情和及时反馈等。

录制好的节目借由电视、网络进入大众传播环境之中,大众媒介的参与使得小范围的人际传播开始走向大众,公开的私人对话本身不涉及保密性的要求,摄影机的介入已经提前告知传播双方这是需要公开的对话信息,一定程度上是经过加工修饰的。现在的电视节目竞争激烈,受众可选择的节目众多,不仅要面临同行的竞争,还有多类型网络视频节目强势参与,优秀的电视节目既要符合电视独特的表现方式和自身的规律,又要符合受众的期望与要求,要实现大众传播的效果还需要注重观众的信息反馈,时刻把握观众的注意力和关注点。《中国好声音》把对比赛最终胜利的选择权交给导师和现场观众,《美国好声音》把选择权交给全国所有潜在的观众,选择权的让渡在调动观众参与热情方面还是有效的,既调动其观众的主动权,又满足了观众的参与权。

五、价值伦理的适用性

"好声音"对规定情境的设置,包括从选手选拔、录制和传播环境的选择以及竞赛规则的制定等方面来限定,在主体框架和环节事先确定的情况下,用纪录片的手法来拍摄人物事件进展,为了节目的可看性设置较多戏剧性冲突元素,选手登场—家人观战—导师盲选—选手反选—电视播出—受众反馈,不同的传播情境引发不同的戏剧冲突,形成多元互动的传播模式。为此我们要结合情境来理解节目中故事的价值伦理,复杂多变的实际情况面前采取相应的实用性准则,坚持伦理准则与传播价值的可持续最大化。

在伦理学上,价值即是看每一件事的角度,去寻找在每一件事上最佳的做法或看法,价值为伦理学重视。前面本书介绍了哈特曼的价值伦理学,他讨论一个核心的问题即"如何去发现道德价值"。譬如在文本抽样中,中美"好声音"小于 20 岁的选手共 10 名,有 4 名是父母离异的,他们可以在公众面前敞开心扉,一定程度上说明已经接纳了这个对任何孩子来说都是很难接受的事实,并且通过音乐来给自身力量故事首先表现出的是音乐对选手来说存在的价值,音乐具有抚慰心灵的作用;其次是选手在具体的境况中开始了对价值的追求,展现了面对现实的勇气和智慧;再者,经百里挑一登上舞台表演表明追求理想的过程即是价值现实化的过程,代表着力量、幸福、意志自由、自我控制和自我满足。通过不同的对象不同的视角来审视同一故事,会看到价值内容的丰富性和多样性,也意味着人们在选择和实现价值过程中的多种可能性,进而形成价值多元抑或价值冲突。人们内心会有价值的排序,不同的接受对象对价值的判断也是不一样的。

第四节　故事的伦理韵味与内涵

一、生命感动

不同的故事带给人不同的感动,作为大型励志音乐评论类节目,如何看待励志、建构励志,可以有不同的视角。一般理解,"励志"是"好声音"预设的故事讲述的主要主题和议题,中美"好声音"通过叙述一个个努力追求音乐梦想的故事来激发人们对励志的认同。励志是唤醒一个人的内在创造力,并使其通过自身的创造性努力来达成自信和尊严,也指对理想、奋斗目标追求的强烈程度。有效的励志故事有助于唤起人的自主意识和成就动机,调动内在的积极因素和激发人的潜能,形成对目标执着追求的品质,有利于加强自我规划和管理。

励志故事首先表现为如何看待成功。中美"好声音"都把登上"好声音"舞台作为完成梦想的重要一步来进行叙事,重点讲述登上舞台的选手为了音乐做了多少努力、放弃了什么、与什么产生过冲突并克服等,特别是故事主人公在登上舞台之前经历了多少挫折磨难,但他一直在坚持最终走向了胜利。经过分析发现,绝大多数"好声音"选手家庭普通身份普通样貌普通但声音突出,人们的观赏预期也是看普通人的成长,具有一种带入式的情境,从体验上来说可能更愿意看到一位自身条件一般但经过自己的努力和奋斗走向辉煌的舞台的学员,这其中一旦出现"隐瞒"或有选择的不呈现自身优越的家庭条件情况,反而会引起人们的质疑,这是很有趣的现象。

事实上,家庭条件优越也可以有自己的追求和梦想,那为什么接受度比较低呢,这应该离不开故事的讲述方式和故事讲述的环境。也就是说,在一个公开的播出平台,节目需要从观众理解的思维角度来设置选手故事,在一个信息无处不在的社会,如果所有的选手都对家庭背景做了介绍,但你的背景又有别于其他大多数人,主动地自然地捎带说出这是比较明智的策略,譬如张碧晨主动透露了自己韩国"练习生"的身份,话语中多了坦诚;但陈冰就没有对自身家庭经济条件进行说明,反而用"想要为家里分担一些"这样模棱两可的话语来表明自己的境况,引起了不必要的猜测和麻烦。

同时我们来分析更具特点的《美国好声音》选手的励志故事,普通人获得了难得的在电视媒介中展现自身的机会,从常理上来说,进入一个全国知名的舞台,他们已经提前做好自己有可能成为"名人"的预期,因为主办方会在节目播出的同时进行多媒体组合策略的宣传,选手们也就享有密集的媒体曝光的机会,所以选手们更乐于主动建构自身的故事点和媒体可能的兴趣点和话题点,再加上美国文化对坦诚和诚信的重视,所以在美国选手的励志故事里,我们可以看到更多的对生命的热诚,也带来更多的感动。

家庭生活困难或家人生病,在选手中具有这类故事的数量是最多的:如爸爸军人疾病恢复中,为了替家人分担,年纪轻轻就想通过自己的努力改变家庭境况的 16 岁少年 Bryana Salaz；从小父母离婚，妈妈患上节段性回肠炎，但为了上伯克利音乐学院而不断努力奋斗的 21 岁青年 Brittany Butler；妈妈失业，要负担沉重的生活支出的 20 多岁青年 Maiya Sykes；家庭生活困难，为了音乐做各种工作的 23 岁青年 Griffin；在费城有但经济紧张，单亲，每周要做两份工作的 23 岁青年 Matt Mcandrew；三年前父亲患癌去世，希望为女儿提供更好的生活的 25 岁全职妈妈 Danica Shirey；妹妹患有大脑麻痹症、自闭症的 25 岁青年 Ethan Butler；爸爸经常进监狱，靠单身母亲做苦力活抚养长大的 25 岁美术设计员 Taylor Phelan；由于爸爸失业，不得不休学回家工作的船运公司运货员 25 岁 John Martin；爸爸遭遇严重车祸失去了右腿的 30 岁青年 Beth Spangler；父母痴迷音乐但 12 岁时母亲因心脏病去世了的 29 岁青年 Jean Kelley；7 岁参加教堂唱诗班，父亲在他 16 岁时去世，还在饥饿边缘挣扎的 29 岁青年 Toia Jones；由于父亲心脏病而放弃音乐靠家族事业养家糊口的 52 岁的 Dennis Bell。

由于自身缺陷或特殊情况而从音乐中寻找力量的典型：笨拙不善言辞交际的 18 岁少年 Caltin Luca；4 岁父母离婚，是音乐帮助克服困难的 18 岁少年 Elyjuh Rene；7 岁时被开水烫成三级烧伤的 18 岁少年 Jessie Pitts；2 岁时父母就离婚，曾街头卖艺但不成功的 19 岁青年 Rick Manning；像书呆子的小时候口吃，唱歌时没有障碍的 22 岁青年 Jonathan Wyndham；出生时先天性青光眼，治疗后又在 9 岁时被水枪击中了视网膜，眼睛看不见后进入音乐世界的 25 岁青年 Blessing Offor；右眼失明的来自艺术世家的 31 岁职业歌手 Luke Wade。

为了延续家人的音乐梦想而努力奋斗的典型：19 岁时作为老歌手的父亲去世了的 35 岁的 Jimi Milligan，希望延续父亲的梦想，组建乐队 18 年；因为父亲心脏病继承其音乐事业的 38 岁的 Tinn Grey，来自海岛，15

岁就结婚生子了,为了实现爸妈"九月"的乐队梦想的 19 岁青年 Mia Pfirrman;妈妈只有初二文化但培养他伯克利音乐学院毕业的牙买加选手 20 多岁的 Anita Antoinette。

普通工作身份的典型:流动餐车收银员,中学毕业后组建自己的乐队的 21 岁青年 Taylor Brashears;和父亲一起在纽约地铁卖艺的 21 岁青年 Bianca Espinal;出生韩国的宴会服务生 22 岁青年 Clara Hong,在 Sniff 狗之家工作的流行乐发烧友 23 岁青年 Taylor John Williams。

在中国有"家丑不可外扬"的传统,而《美国好声音》中出现有选手述说自己父亲经常进监狱、爸爸是侏儒以及家庭经济困难等在中国语境下比较难以启齿的情况,正是有了这些故事作为铺垫,使得《美国好声音》所有的故事类型看上去真诚且感动人,这与选手的自我认知有关,自我感知能量比较强大的人,对环境影响的感知相对比较弱。在公开竞争的比赛环境中,对自我披露的程度决定了公众知情程度,故事主题突出详略得当,符合在传播规律中首因效应。传播效果的形成主要在传播主体、传播内容、传播媒介和环境因素等,《美国好声音》传播主体通过故事的讲述技巧构建了自身的权威和可信形象,运用与传播对象的接近性和熟知性原则较好地达到了传播效果。

二、愉悦情感

音乐总体上是给听众以正能量的,这种获得力量的感觉反过来也激发了受众愉悦的体验,因为愉悦的来源更多需要靠对自我的认可来实现。每个人对同一电视节目的关注点和侧重点是不一样的,有些人单纯欣赏音乐,有些人侧重关注选手形象,有些关注导师表现,有些人对问题感兴趣,同一文本会有不同的阐释,感受也就不尽相同。通常来说,人们还乐于去发现潜藏文本背后的深层次的涵义。"好声音"的故事类型、选手和导师个性都是经过了精心的"编码",故事主题包括梦想故事、爱情故事、励志故事、家庭故事和成功故事等,这些故事经过形象化的叙事手段娓娓道来,告诉人们他们是谁、从哪里来、发生了什么事情,为什么会站上"好声音"的舞台,他们对未来的预期是什么等,一旦进入电视观看情境,人们就会自发地提问"正在发生什么"和"这个故事在讲什么的"以及"和我有什么关系"等,通过对角色和关系的不断结构重组构建了一个表面真实的世界并呈现出不同的意义。

受众对真人秀的"使用与满足"中主要表现在自我认同和娱乐,前者可以确认和强化个人对价值的认知,寻找相应的行为模式,在观察和评估他人的行为中来学习反观自身,并由此获得内省的机会;后者主要在放松和消磨时间,获得愉悦,逃避现实困难,进行情感释放和获取一种内在审美或文化的享受和感知,其次还有对选手信息和音乐信息获取的需求,满足了社会交往的需要等。我们知道中美"好声音"已经成功运营了几季,受众是带着期待和挑刺的心理来观看的,"好声音"能否打动观众来获得其情感上的认同是考验主办方的重要维度。为此,节目过程中体现出来的关怀与温暖成为重要指标。

流行音乐特定的情感特征为感性叙事提供了一条通路,多元化的音乐语言通过电视媒介的传播可以使人得到更多的私人体验,形成或高兴或悲伤或同情的情绪反应,音乐具有强大的调节情绪的能量,也能够建构社会共享情绪以促使人们努力工作。音乐更多的是能带来个人愉悦,愉悦体验的多样化暗示着与媒介之间感情关系的复杂。愉悦拥有不同的含义以及达成愉悦的不同方法:摆脱或遗忘消极状态后的舒适感,强化与某一特定角色的认同感,分享他人情感生活的兴奋感,保持和收集专业知识的满足感,彻底放松后的极度快乐,抛开烦恼、释放压力后的放松感,打破规则的乐趣,做好自己本分的满足感,欲望和需求的满足感,通过"反叛"

的行为震惊他人而得到的快乐感,宣泄情绪的释放感。[①]

  但由于对真人秀节目天生抱持的不信任和矛盾态度,在愉悦体验上受众的感知更趋复杂。情感是相对私人的体验,包含着对相关对象善或恶的评判,不同的人对同一个行为或事件可能产生不同的情感,从而得出不同的道德、伦理和社会判断。亚当·斯密认为,同情心是道德行为的原动力,正是通过同情心,即"想象中的公正的旁观者",我们才学会了理解他人的情感,注重他人的感受;我们看到悲伤或喜悦的表情,心里头便多少会兴起类似的情绪,才学会了控制自身的情感、抑制自私的行为;人类谨慎、仁慈、正义、自制的美德,都是在同情心的基础上形成的,同情心实现了利己与利他的统一。[②] 在情感唤起层面,我们传统思想文化"恻隐之心,仁之端也",这里说的恻隐之心和斯密所说的同情心有异曲同工之妙。也就是说,同情心对情感转换或者共鸣的作用比较强大。因此,通过研究我们发现,《美国好声音》在故事的情感体验上更胜一筹,在选手的选择上和故事的讲述上,能够更好地激发起受众的同情和参与热情。

三、价值升华

  上文谈到受众观看"好声音"节目需要得到满足的方面,对应马斯洛的需要—价值理论,可以分析"好声音"文本带给受众的主要价值具体体现在哪些方面。在基本需要层次的爱与归属需要对应情感和归属价值,包含了情感需要的满足、理解与被理解、社交、友谊与沟通。在发展需要

---

  ① [美]劳伦斯·格罗斯伯格:《媒介建构:流行文化中的大众媒介》,祁林译,南京大学出版社 2014 年版,第 271 页。
  ② 相关观点,可参见[英]亚当·斯密:《道德情操论》,谢宗林译,中央编译出版社 2008 年版。

或超越层次,主要是对真、善、美的需要,事实上,追求真、善、美在伦理或是审美层面都是较高的标准,其理论解释了真的价值内涵为坦率、单纯、丰富、本质、美和纯等;在对善的价值解释中认为善是正直、合乎需要、公正、仁慈、诚实;对美的需求的对应的价值解释是指正直、形态匀称、活泼、单纯、丰富、完整、完善、完全、独一无二等。在超越动机理论的需要层面,他分析了轻松、自我满足和有意义的需要对应的价值,轻松的价值是丰富,是分化、复杂、错综、全体、无缺失或隐藏,都在眼前,一切都顺其自然等;自我满足对应的价值是不费力,自如、不紧张、不力争、无困难、优雅、完善;有意义对应的价值为欢娱,解释为玩笑、欢乐、有趣、高兴、幽默、生气勃勃。

马斯洛认为价值的特性即是需要满足的特性,其超越需要和超动机理论乃是基本需要—动机理论的延伸,因而其存在价值也是其基本价值的高度升华。从这个意义上来说,"好声音"节目对真、善、美价值的追求是应该高位于对感动等情感需要的层面的,这不仅是对节目主办方和参与者提出的要求,也是对节目整体制播环境提出的要求,在真、善、美对应的价值中,我们看到了节目中的某些价值因素,如坦率、单纯、公正、仁慈和活泼等,但也在丰富、本质、诚实、合乎需要和正直等价值追求上存在提升的空间。

在对选手行为的评价中,有一项很重要的指标即动机,参与比赛的动机看似简单,实则比较复杂,因为这涉及个人隐秘的心理需求。一般人理解参加比赛或是展现自己或是赢得荣誉或是改变近况或是求得名声等,对普通的观众来说,观察选手们表达自身期望的时候,内心是有一杆秤的,这与其知识结构、日常审美和观感体验分不开,这也是判断选手是否具有吸引力的指标。动机是道德行为的基本原因,而在叙述文本中对动机的描述是比较明显的,譬如中美"好声音"都在一个大的目标指引,即

"音乐梦想"的框架中细分选手的参赛动机,但呈现的方式显然不尽相同。事实上,马斯洛的超越动机理论的需要和对应的价值种类较多,我们这里选取轻松、自我满足和有意义的需要对应的价值来分析,是因为不管是主办方还是参与者来说,如果在节目设计和参与的过程中,立意更高远些、动机更单纯些,可能就可以创造出更多有价值的价值。

第四章　中美"好声音"叙述伦理比较分析

第一节　"展示"与"被展示"

一、对"梦想"叙事的分析

叙事结构中的叙述,即指由任何一种媒介叙事所共有的因素构成的叙事话语,它主要通过能够传达故事的媒介及符号系统来进行。在真人秀节目中,你需要展示自己的个性和诉求,既要符合节目制作的总体要求,也要与自身的需求和实际结合起来。在这个过程中,媒介个人形象主要是通过形象、音乐和语言来呈现的。考虑到文字文本中对个人形象做人口统计学的比较不是很方便,而且学员的个性多样化,很难说什么样的形象是媒介需要或是本色出演,为了分析比较媒介表达与个性呈现之间的关系,为此我们专门截取与"梦想"相关的叙事进行比较,具体分析结果如下。

《中国好声音》的文本中提到与"梦想"相关的共有 97 次,除了作为话语组成部分提到单纯的梦想字眼之外,主要集中于两个主题(见表 4-1):分别是导师和学员对梦想的态度和理解。《美国好声音》的文本中提到与"梦想"相关的共有 81 次,除了作为话语组成部分提到单纯的梦想字眼之外,也是主要集中于两个主题(见表 4-2):分别是导师和学员对梦想的态度和理解。

表 4-1 《中国好声音》关于"梦想"节点的编码及其结果

节点	子节点	出现的样本数(N=9)	具体内容出现次数	典形或编码示例
对梦想的理解和态度	导师对梦想的理解和态度	4	3	我渴望帮助有梦想的音乐人(2);一定要勇敢去追求自己的梦想,你追求了它就有可能会实现,如果你不去追求,那它就一定不会去实现;就是年轻人有梦想你就去闯,再苦再累你都要坚持住
	学员对梦想的理解和态度	9	67	相信我的梦想可以在这里成真(4);坚守音乐梦想(16);我相信梦想没有年龄的界限;梦想成为一名歌手;做一个有影响力的唱作歌手;成为一名真正的音乐人;我最大的梦想就是让我妈妈为我自豪;做我们这代人音乐上的标杆;音乐是我的生命,音乐是我的梦想;用音乐让大家记住我喜欢我;登上一个大舞台唱歌给大家听;我也希望能够靠我自己一直坚持的音乐,让我们的生活过得越来越好;我很想很想很想要在香港的红馆,开我的个人演唱会;我的梦想是有一天开一场真正的演唱会

表 4-2 《美国好声音》关于"梦想"节点的编码及其结果

节点	子节点	出现的样本数(N=13)	具体内容出现次数	典型或编码示例
对梦想的理解和态度	导师对梦想的理解和态度	7	6	按钮就可以实现他们的梦想;帮助你,我只想实现你的梦想,不是我的;作为导师这就是我们梦想听到的声音;你要永远追随自己的梦想,不管别人怎么说;但都是为了同一个梦想,他们都想成为"好声音";我一直梦想有一个像你这样的歌手

节点	子节点	出现的样本数(N=13)	具体内容出现次数	典型或编码示例
对梦想的理解和态度	学员对梦想的理解和态度	13	52	永远不要放弃自己的梦想(8);追逐音乐梦想(20);想要追随自己的梦想做一名歌手,靠音乐养活家人;导师转身意味着梦想实现;但来到这里延续他的梦想,我想让父亲含笑九泉;我一直的梦想都是当歌手(5);很喜欢这份工作,但我的梦想是音乐;为了追求音乐梦想,音乐改变了自己整个生活;希望能实现自己的梦想,成为一名表演者;因为我仍在追求梦想,想做最好的音乐;但我最大的梦想还是成为音乐家;休学一年,来追逐音乐梦想;找到回归音乐梦想的勇气;我爸让我努力实现音乐梦想,但他最后还是去世了;我的梦想就是实现自己想要的生活

通过分析,我们发现中美"好声音"都有一个整体的叙事框架,聚焦于"梦想是什么? 为什么?"和"怎么去追逐梦想?"。两者对"梦想"的理解、讲述方式和传播效果从表面上看区别不是很大,两者都聚焦"音乐梦想"。《中国好声音》聚焦于坚守音乐梦想,而《美国好声音》聚焦于"追逐音乐梦想",前者更多地把"梦想"通过问答形式呈现,后者在介绍自身情况的时候已经设计在内,并没有对"梦想"刻意强调。这与不同国别文化对"梦想"的理解不同有关,中国强调"梦想"的独特性和意境高远,为此也呈现出较多具体的回答如"让我妈妈为我自豪""在红磡开一场演唱会"等;而《美国好声音》中的"梦想"呈现的时候大多与美好生活或是更好生活的预期联系起来,强调了选手们希望通过音乐来改变或是达成梦想。

媒体是反映社会的一面镜子,是引导人们对真实感知的有力武器。平台的梦想与个人的梦想的区分表现出梦想展示空间和频率的差异,在对选手对"梦想"的看法的梳理中,我们发现了叙事中一贯的主线即是选手们对音乐的执着和热爱,包含对比赛的热忱、对梦想的坚守、通过比赛成名或改善生活的期盼、对自我的肯定等。为此,不管是对自我的"展示"还是"被展示",在对"梦想"这一节点的叙事中,节目主办方和选手们都达成了某种程度的默契,对一项既定的表达环节,事先沟通加现场表现,导致对"梦想"的叙述重复度、相似度相对过高,出现单一化倾向。笔者认为,出现一些有别于常规叙事的片段或环节,也许是增加节目可看性的要素之一。

二、对犀利话语的分析

中美"好声音"的导师都是极具特色和魅力的业界明星,在自身领域有着非凡的成就,他们点评中的犀利话语是展示和建构个人形象的重要工具。我们这里选取的犀利话语的标准主要是以导师们有别于一般的音乐评论,类似于突破形象界限的话语来界定的。根据统计分析《中国好声音》,导师们的语言风格相对平缓不激烈,哪怕在争夺心仪选手的时候,语言的冲突模式是平淡的波澜不惊的。这点与《美国好声音》导师差异较大,这可能与节目宗旨的限制有关,也与导师们的个性与话语模式相关。为此我们主要来看《美国好声音》导师的犀利话语呈现方式。

表 4-3 《美国好声音》第七季中关于犀利话语的参考点列表

样本名称	参考点	覆盖率
140923 骚当写诗求爱韩裔萌妹	12	4.25％
140924 菲董骚当为抢人互拆台	8	4.00％
140930 亚当高调膜拜单亲妈妈	1	0.12％
141001 法瑞尔下跪求被萝莉选	8	4.62％
141007 骚当跪地欢迎美女学员	1	0.30％
141021 吉他男 PK 翻唱酷玩金曲	2	0.44％
141028 超级奶爸压轴导师哄抢	1	0.56％

表 4-4　《美国好声音》中关于犀利话语的编码及其结果

节 点	出现的样本数（N＝15）	具体内容出现次数	典形或编码示例
犀利话语	7	33	我觉得我不只是在和 Adam 竞争　他背后还有个帮手　我好爱你的　我也爱你哟　我要吐啦；我要给你写一首诗　是个人都能作诗的　你真的相信他说的话吗　他们都好能会道　我有点害怕；你喜欢时尚吗　我有四家品牌店　我是两届的冠军导师　我得过三届冠军　我还很有钱　去给你买衣服吧　你真的会把他拿下吗；这两个男人已是明日黄花　他们只是以此为噱头　什么他们已经招摇撞骗很久了；Pharrell 今天没戴那个大帽子　我还真是大吃一惊　他总是有这么多小花样　天呐　难道我会戴 20 厘米高的"招财帽"吗　也有可能　不　现在没"招财帽"了；你的舌头如同丝绸一般　你才是丝绸（英语歧义　贱人）；如果你想赢　请投身酷男怀抱　我是竞争心很强的人　我愿意为你做一切　你应该选我就是因为"好声音"这个比赛就是我的地盘；我真的喜欢你　选我吧　我伸出了"魔爪"我很久都没有见过你这么棒的声线了；我觉得你高音拿捏得恰到好处　你唱歌的时候就像个能量源但不够感性Gwen 在这方面很擅长　就像有时她会抽你　大吼大叫　如果她想变得甜美感性　瞬间她就可以转换　感性是件好事；好热　你让 Gwen Stefani 热火焚身了　你最好说快点　如果你不选我　我会哭得像个婴儿；该选教练了不选我的话　我会哭得很伤心的；我很喜欢你的气场　就像我小弟弟一样　我不懂棒球　但我知道他刚才肯定盗垒了　他把你毒得一句话都说不出来；我能看穿所有的战略　他装出一副烂好人的样子　但会突然之间转变　伸出自己的魔爪　你就像白马王子　先用糖衣炮弹诱惑住人再迅速虏获选手的心　选手一不留神　就羊入虎口；真是不想 Adam 得到她　完全是为了泄愤；Blake 你死定了　我们的友谊结束了　Adam Blake 今天耍了阴招　我不会再让他得逞的　我会亲手断送所有的友谊；严格来说你就是个野兽　我能从你的每个颤音中听到力量　你知道该怎样让女孩为你尖叫；我可以给你鞋子包包　你这是在贿赂她吗　你不能迈过这条线　我想让你选我　拜托该死的；喜欢时尚吗我喜欢　我喜欢你的鞋　很好看我可以帮你买鞋　手提包你在贿赂她吗　我才没我只是说我有许多　我有门路无耻之徒　我没有说任何关于我的品牌对吧　那是因为你就是自己的品牌　现在真庆幸我不是 Gwen 他刚才已经把 Gwen 一招打趴　知道吗；我才不会被他们发觉　他们看出我现在很激动　他们也会转过来　所以我就一副毫无表情的样子；我真的觉得可以"搞定"你　你能"搞定"他　难道他是自动售贷机吗　现在可是一个活生生的人　我说的是一种磁场　可以合作不　你

节点	出现的样本数（N＝15）	具体内容出现次数	典形或编码示例
犀利话语	7	33	还是闭上嘴巴；你叫什么名字　来自何处　你从哪学到的　这哥们真厉害　天生怪诞　如果选我你就会成为焦点 Adam 觉得自己被忽略了　别被他们的甜言蜜语引诱；很容易辨别　就像有时你跑步时会咆哮　我有会"看看这老兄"　你说他即兴创作是在咆哮　Blake 正掐中他的要害　然后往屎坑里推　他就是这个意思嘛　他现在非常失望我没转身；而在 Pharrell 的团队　目前这种风格竞争就很激烈　天啊　不　这是恭维也是一种策略　两者兼具　他会狠狠地封杀你你刚才看到的不过是口蜜腹剑；你们真是蠢　太疯狂了　我喜欢你的音色；我非常欣赏他的那种真挚的性感　我想为他而转身　我很惊讶两名评委的选择如此雷同　他有着破碎的灵魂以及英俊粗犷的外表　他看起来像超人　没什么特别　不过是个少女杀手而已；真不喜欢和 Pharrell 争人　太残酷了　心里好不舒服　真的很残酷　不知道他们能否承受　你们不能再这么卑鄙了；你的声音如同天籁　而且很有力量　你们就像杀了一条龙　然后还扇它几巴掌　确保它已经死透了；她就有点闷骚　Taylor 在歌韵上需要更性感闷骚一点　Bree 和音部分要更愤怒一点　你们都需要找到愤怒点；我只不想别人认为　大家都在用真枪实弹　你却在小试牛刀　谁也可能在淘汰赛拔头筹

亚里士多德指出，言说者要使人信服，须具有使人信服的三种品质：见识、美德和好意，并提出了诉诸言说者品格和情感的论证说服方式。《美国好声音》文本列表中呈现出来的犀利话语绝大多数是导师们的插科打诨，看似犀利，却起到了调节现场气氛的作用。比赛的录制过程很紧张，选手们对如何选择导师也有不同的预期。导师们卖力的吆喝，一方面是为了争夺好的选手，另一方面也是为了展示自身的语言特色以及灵活的反应能力。

詹姆斯·保罗·吉在他所著的《话语分析导论：理论与方法》中强调"使用中的语言是一种工具，和其他工具一起设计或构建事物，说话或写作时总是同时建设或构建七个事物或七个现实区域，即七项构建任务，具体包括意义、活动、身份、关系、立场与策略、联系、符合系统和知识"。仅从犀利话语的表面内容来看,我们无法判断导师们的见识、美德和好意,但从节目播出的反应来看,大多数受众还是比较认可这种"走下神坛"放下身段的表现方式,不仅没有消解音乐评论的权威性,反而增加了亲和力,也增加了节目的可信度,在意义、身份、立场与策略的建构上也是比较到位的。

事实上,《美国好声音》导师们除了犀利话语之外的话语策略也比较有意思。譬如《美国好声音》导师会运用到先表扬后批评的策略来增加批评的可接受度、从替选手考虑的视角出发来看待选手的不足,这样的话语模式就相对比较符合亚里士多德对修辞的要求。如:"你真可爱,我感觉你的唱功已经很完美了,一开始唱得很轻柔,控制力很好,然后你平稳地唱到最后,之后的转音很动听,真的很迷惑人,然后我转过来看到的竟然是一个 15 岁的小孩子,之后就为你这个人分心了。我个人认为你的表演美中不足的一点就是表演成分太多了,应该再放松一点,唱得再彻底一点,不要唱得太安全了。看看你到底能唱成什么样,如果我要和你合作的话,我一定要帮你改进的。谢谢!"

三、修辞伦理:自我与镜像

亚里士多德的修辞伦理学经过当代的发展,出现了较多新的内容和争论,如布斯叙事修辞学对其的继承和发展等。罗菲在他的博士论文《修辞伦理研究》中把修辞伦理的概念归纳为在具体的题旨情境中,为着特定的交际目的,交际双方有意识地调配语言文字以恰当地表达当前情境中的伦理关系、伦理情谊及道德选择,寻找并确立使伦理关系、伦理情谊及道德倾向得以恰当表达的基本原则和准则。他认为修辞伦理研究的主要目的是将真、善、美的人类社会价值在修辞表达中有机地结合起来。具体表现为：真是指修辞内容合乎事实，也指修辞表达者的情感真实；善是指修辞内容合乎伦理道德；美是指修辞形式、修辞手段的恰当优美。修辞内容的真善与修辞形式的恰当优美和谐统一，是修辞伦理研究的重要内容和目标。

修辞伦理对修辞活动起着一定程度的制约作用，主要表现在言说者自身的道德修养和对内蕴于特定情境中伦理道德要求的平衡。修辞伦理中对真、善、美的追求与前述需求——价值伦理也是相关的，关键在其适用范围和内涵理解。我们理解"好声音"节目中的修辞伦理的一个重要视角即是区分自我和镜像以及镜像中的自我，内容和形式的有机统一。语言具有传递信息、存储知识的功能，对语言的修辞得当可以增强语言的力量，还有修辞视角的选择，修辞手段的适用等。在《中国好声音》的文本中，由于电视主管部门对话语的要求和控制，选手和导师们的自律程度相对也较高，修辞伦理的规范化水平相对较好，相较于《美国好声音》来说有更多的约束和追求，可以看出在这一层面主办方还是有所取舍的。

第二节 "专业"与"非专业"

一、对声音的描述和比较分析

中美"好声音"都有大部分专业声乐出来的选手，有些已经拥有多年的演唱经历，也有一些缺乏舞台表演经验的业余爱好者号称"素人"。节目对选手的选择标准最重要的是"好声音"，但是什么样的"声音"可以称为"好声音"这是节目的卖点，观众通过盲审盲听来实现对"好声音"的选拔，那么节目对"声音"的叙述是如何表现的？两档节目有哪些异同？我们先通过文本来进行统计分析。由于"嗓音"和"歌声"没有"声音"的描述性和典型性高,加上重复度比较高,这里不单独统计前两者,仅以"声音"为代表来看导师的专业点评。

表 4-5　《中国好声音》以"声音"为节点的参考点列表

样本名称	参考点	覆盖率
2014-07-18 期　完整版:好声音回归　陈永馨被指似"森蝶"	68	6.54%
2014-08-01 期　完整版:汪峰飙歌狂抢五人　齐秦无人入队	63	6.59%
2014-08-08 期　完整版:七名 90 后"小鲜肉"扎……	62	6.76%
2014-08-15 期　完整版:盲选收官学员有来头+……	59	5.36%
2014-08-22 期　完整版:外卡赛现大牌学员魏……	46	5.44%
2014-08-29 期　完整版:那英队四强全是美女　陈冰透视性感周深淘汰	15	6.05%
2014-09-05 期　完整版:汪峰队四强出炉　小张柏芝胜出子怡闺蜜出局	18	5.41%
2014-09-12 期　完整版:叶剑英孙女遭杨坤淘汰　陈永馨刘珂被喊在一起	19	6.59%
2014-09-19 期　完整版:齐秦队决四强黄渤开嗓那英被迫转身汪峰恋情遭调侃	40	4.80%
2014-09-21 期　完整版:十六强首度合体+四……	27	4.97%
2014-09-26 期　完整版:那英、杨坤队选歌……	27	6.56%
2014-10-07 期　完整版:张碧晨胜帕尔哈提加冕冠军　直播状况多网友狂吐槽	3	3.38%

表 4-6　《中国好声音》关于"声音"节点的编码及其结果

节点	子节点	出现的样本数（N＝12）	具体内容出现次数	典形或编码示例
对声音的理解和态度	导师对声音的描述	12	90	穿透力；震到；我觉得你的声音里面太有故事；我觉得声音还是非常的浑厚（2）气息强弱的转换，这么窄的声音里面可以发挥得这么好；到了类似像席琳迪翁的声音，那种透明度；能做一个中国最感动的声音；你温暖甜美的声音足以感动所有人（4）我听到你的唱的感觉跟声音非常的真诚；非常好听的（5）特别的无拘无束；那么有天赋的声音（2）非常的透明（2）代表一种正能量；声音干净或纯净（10）非常舒适的或舒服的（4）你的声音哑得简直是恰到好处；你这种声音表达出的情感是细腻的；最特别的声音（3）有态度的声音；听出你声音里面有血性；国际范儿十足的好声音；细腻的；控制力非常好（2）有力量；有那种爆发性（4）声音很温暖，有疗伤的作用；声音很纯；很飘逸的声音；你的声音非常的厚，很适合唱摇滚；非常的独特（2）美妙的；可能潜力会非常大；比较难得的；非常美（2）那种带混响的磁性的声音；有包容性又带有沙哑；非常的稳当声音也比较厚；具有特色的辨识度的；声音是让人心碎的（2）声音还是比较聪颖，比较空灵；声音更舒展；很自如；如天籁；非常有穿透力（2）非常有划破夜空的感觉；很神秘；很迷人；比较沙哑；很有攻击性；节奏感非常好；优雅恬静
	导师对声音的态度	7	7	让你的声音更准确地表达；你有自己独特的声音和态度，不一样的声音是有多么可贵；更加懂得一个"好声音"的重要性；这样的声音是非常难得的；组队即将满员，他们对声音也越发挑剔；只要遇到好声音我是绝对不会犹豫的；有痛苦与悲伤然后再用声音把这些情感表达出来

表 4-7　《美国好声音》（第七季）以"声音"为节点的参考点列表

名　称	参考点	覆盖率
140923 骚当写诗求爱韩裔萌妹	47	4.34％

续　表

名　称	参考点	覆盖率
140924 菲董骚当为抢人互拆台	47	4.06％
140930 亚当高调膜拜单亲妈妈	61	5.46％
141001 法瑞尔下跪求被萝莉选	48	4.05％
141007 骚当跪地欢迎美女学员	51	4.44％
141008 小鲜肉来袭惹导师疯抢	52	5.69％
141014 双姝瞪眼对唱激情斗艳	54	4.37％
141015 正太擂台争锋逗比奶爸	24	4.31％
141021 吉他男 PK 翻唱酷玩金曲	69	5.25％
141022 暖男绝杀美版吴莫愁	29	4.34％
141028 超级奶爸压轴导师哄抢	40	3.09％
141029 气质帅哥迷倒史蒂芬妮	26	4.20％
141119 十强鏖战格温卖力助唱	18	4.62％
141125 怪咖男旷世魔音震评委	40	4.42％
141126 霉霉倾情献唱大秀金嗓	20	4.85％

表 4-8　《美国好声音》关于"声音"节点的编码及其结果

节点	子节点	出现的样本数（N＝5）	具体内容出现次数	典形或编码示例
对声音的理解和态度	导师对声音的描述	15	159	你的声音太棒了(31)；你的声音很酷,高音也很棒；真是太疯狂了,能从他的声音里感受到他的痛苦；如此动人；你的声音就像一缕新鲜空气；非常好听(5)；很有野性；声音很准；很有力量(13)；我被你的声音迷住了；感觉它很纯粹；很完美(2)；不但能帮助你完善你的声音而且还能让你找到自己；找到自己独一无二的声音真的很兴奋(3)；她的声音非常具备复古风格特质；你的声音那样惊艳；你的声音足以秒杀一切；很诱人奶油般的；那么饱满；充满神秘感；太好听了或很动听(2)；我真喜欢你的声音,感觉天衣无缝；太强大；真嘹亮；美妙无比的(6)；有点撕裂感,我非常喜欢(2)；很特别(3)；控制得很好；很有趣(4)；你

节点	子节点	出现的样本数（N＝5）	具体内容出现次数	典形或编码示例
对声音的理解和态度	导师对声音的描述	15	159	的声音有点像急速行驶豪华跑车;声音中的真诚;你的声音中有懒散的特质;很美(5);惊艳;非常酷;感情很丰富很深沉;如丝般柔滑;如此引人入胜如此坦率;太完美了太美了;好像把我穿透了一样或非常有穿透力(5);简直像是发射出来的;真的无懈可击;非常自然;收放自如;如同一把刀子;如同一个拳头;太疯狂了;很原汁原味;很独特(3);是一种历经沧桑的声音;很有魅力(2);很有爆发力(4);就像麦片,棉花糖麦片;如同天籁(2);就像口袋擦过一个剃刀;跟羽毛一样轻柔;真的跟天使一样;如同未开发过的土地;我喜欢你的声音让我起鸡皮疙瘩了;原生态;声音质感很酷;非常惊艳;沙哑质感;声音中有些微笑的东西;很纯净(2);浑厚;像水晶一样透亮;简直无法形容完美之至;像刀一样的切口;有点像 Emeli Sande;非常自然;很有质感
	导师对声音的态度	13	67	我爱你的声音和对声音的掌控;你的声音听起来有点缺乏练习(2);我喜欢或爱你的声音(32);我知道如何包装声音;我们音乐品位相似,声音也是;我要爱上这声音才愿意为之努力争取;你是天籁之音 Blessing 的声音很适合灵魂音乐风格;你确实有一个好声音,到高音的时候,你的声音全部上去了;我真的需要你这样的好声音,来我战队会多有趣啊;我喜欢你的原创性和声音,我很享受这过程;当我听到与众不同的声音,总会很有感觉;你的声音和身体非常不搭;功亏一篑他走音了声音不稳,所以我有点没兴趣;你的声音如同肌肉需要练气息;希望她的声音能够更有力量;我想找一个与众不同的声音,这样我才愿意转身;若能更好控制你的声音就能达到另一个领域;听到自己喜欢的声音还是会非常激动;对我来说发掘好声音就是我的不竭动力;控制力度发出真正的声音;必须加入感情,声音还要加强力量;必须唱得真情流露和声音要纯粹;你们要保持住声音强度

根据对中美"好声音"关于"声音"节点的编码情况来看,我们发现导师对"声音"的评价专业、真诚,对"声音"的描述重复率很低。总体来看,两者的区别主要表现在以下方面:

第一,《中国好声音》重复率最高的描述是"声音干净或纯净"(10)和"非常好听的"(5);《美国好声音》重复率最高的描述是"你的声音太棒了"(31)和"很有力量"(13),一定程度上可以看出导师对声音的偏好或是学员本身呈现的特色的数量的对比。事实上,《美国好声音》导师更倾向于有故事的人来唱有故事的音乐,导师的评价和喜好对学员如何演绎歌曲有一定导向作用。

第二,美国导师对声音的形容用了非常多的比喻,如:"你的声音有点像急速行驶豪华跑车"、如"丝般柔滑";"如此引人入胜如此坦率";"太完美了太美了";"好像把我穿透了一样"或"非常有穿透力"(5)、"简直像是发射出来的"、"如同一把刀子";"如同一个拳头"、"就像麦片棉花糖麦片"、"如同天籁"(2)、"就像口袋擦过一个剃刀"、"跟羽毛一样轻柔"、"真的跟天使一样"、"如同未开发过的土地"、"像水晶一样透亮";中国导师则较少用比喻,从形容声音的语言来看相对更加抽象些,美国导师则喜欢用具体的描述并希望能体现自身的语言特色。

此外,美国导师对学员的评价中有一项突出的区别在他们不吝于真实地表达自己的喜好,如"我喜欢或爱你的声音"(32),但同时对自己不满意的声音或是表现会直言不讳,在这一方面中国导师相对地表达得比较少一些。

二、关怀伦理:情境与情怀

道德活动的主体是人类,道德是具体的非抽象的,它的发展变化离不开大环境小情境的变化。美国斯坦福大学教授内尔•诺丁斯在1984年提出女性主义关怀伦理学的理论模型,认为关怀包含了与人的特性相关的内容,即关怀人的感情、情绪和态度等,与人的情感相关是一种道德性的情感。因此关怀伦理产生于个体的相互关系之中。由于关怀伦理对情境的重视,在对其分析中首先要区分道德情境,并从各种关系出发来分析情感、态度在不同情境下的道德表现,用关怀的情感来做导向,需要考虑具体情境中特定的人事、需要和反应及体验,而不是依据普遍性法则做出推理和判断。

孟子的"四端说",描述了儒家应有的四种德行,即"恻隐之心,仁之端也;羞恶之心,义之端也;辞让之心,礼之端也;是非之心,智之端也"。从中我们发现,关怀是与恻隐相关的一种道德品质。关怀涉及关注、责任、能力和反应为特征的现代美德范畴,是富有人性意味的伦理关系范畴,也是道德情感和态度对他人需要的反应。在人际关系中,关怀伦理情感生成主要来源于人在关系中的感觉,要保持对他人的关注,体验和关心人际对象的需要、欲望和情感,用仁慈、关怀的心态和情怀来待人待事,要富有同情心,保持对生活的热忱。

关怀伦理代表我们倾听自己和他人的基本方式,从关怀伦理的角度来分析中美"好声音"参与者的表现以及总体的文本叙事来看,不管是导师还是选手,或是主持人与选手家人,在节目中表现的都较为符合关怀伦理的要求,大多数情境下都会考虑对方的需要。譬如导师在淘汰某一位选手时会表示遗憾并分析她的优势和不足;选手在选择导师时会同时对转身导师表示感谢并做出自己的原因说明;抑或淘汰赛时对同场竞技的对手表达同情和不舍。这个环节在《中国好声音》中语言表现更为明显,《美国好声音》的选手更多使用拥抱等体态语来呈现。

第三节 音乐与形象

一、对音乐的描述和理解

作为一档大型音乐评论选秀类节目,对音乐的选择和评论直接决定了节目的质量和水准,而呈现音乐的选手特色也成为节目需要考虑的要素。为此,我们来分析选手们为什么喜欢唱歌、为什么选择唱歌这个艺术形式来表达自己、他们与音乐的联系在哪里以及他们对音乐的理解能否增加他们的形象值。除了音乐之外,他们的导师们对音乐的理解和态度决定了他们喜好的偏向,这在节目中是如何呈现的?

表 4-9 《中国好声音》以"音乐"为节点的参考点列表

名 称	参考点	覆盖率
2014-07-18 期 完整版:好声音回归 陈永馨被指似"森蝶"	37	3.52%
2014-08-01 期 完整版:汪峰飙歌狂抢五人 齐秦无人入队	41	3.64%
2014-08-08 期 完整版:七名 90 后"小鲜肉"扎……	38	3.78%
2014-08-15 期 完整版:盲选收官学员有来头＋……	37	3.22%
2014-08-22 期 完整版:外卡赛现大牌学员魏……	44	4.87%
2014-08-29 期 完整版:那英队四强全是美女 陈冰透视性感 周深淘汰	6	2.17%
2014-09-05 期 完整版:汪峰队四强出炉 小张柏芝胜出子怡 闺蜜出局	5	1.45%
2014-09-12 期 完整版:叶剑英孙女遭杨坤淘汰 陈永馨刘珂 被喊在一起	3	0.95%
2014-09-19 期 完整版:齐秦队决四强黄渤开嗓那英被迫转身 汪峰恋情遭调侃	32	3.66%
2014-09-21 期 完整版:十六强首度合体＋四……	7	0.87%

名　称	参考点	覆盖率
2014-09-26 期　完整版:那英、杨坤队选歌……	7	1.41%
2014-10-07 期　完整版:张碧晨胜帕尔哈提加冕冠军　直播状况多网友狂吐槽	5	6.53%

表 4-10　《中国好声音》关于"音乐"节点的编码及其结果

节点	子节点	出现的样本数(N=12)	具体内容出现次数	典形或编码示例
对音乐的理解和态度	选手对音乐的描述	12	189	唱歌我最喜欢挑战高难度;是想让你的唱歌更进一步地提升;那时没地方学唱歌,成天抱着录音机瞎哼哼;我觉得没有一件事比唱歌更快乐的(7);婚后我为了家庭放弃了唱歌,当起了婚庆主持人九年;唱歌我没有学过;两个人的梦想就是要唱歌;我很爱或特别喜欢唱歌(12);培训学校教小朋友弹吉他唱歌,我的最爱是摇滚乐;穿着铆钉皮衣扯着嗓子唱歌非常叛逆;唱歌"人来疯"笑起来最好看;不管到哪里唱歌都不要怕,唱歌是我和外婆最大的梦想;全家人喜欢在院子里唱歌跳舞他就喜欢在自己的房间里;我答应过爸爸要把唱歌当成事业;唯一能够唱歌的地方就是KTV,能够唱歌我就觉得很开心了;很小的时候就要出来唱歌养家;敏感又不太爱说话,只有唱歌能表达我的情感,给我力量;登上一个大舞台唱歌给大家听(4);我唱歌不老实,我是个唱歌有瘾的人;很倔强,就是一门心思想唱歌;我一天不唱歌,我就浑身难受那感觉
	导师对音乐的理解	9	18	你始终是中国制造,你要唱歌给中国人听;我想说唱歌其实是一个职业;唱歌光有好的嗓音还不够;我真的很喜欢听你唱歌;能够感觉到你唱歌的那种自由(2);你整个唱歌的状态有故事有经历;我是有感受的从你唱歌的声音里还有情感的爆发;不用去想太多的这种唱歌的态度是对的;坚定一个信念用心唱歌用情感唱歌

表 4-11　《美国好声音》(第七季)以"音乐"为节点的参考点列表

名　　称	参考点	覆盖率
140923 骚当写诗求爱韩裔萌妹	44	4.57%
140924 菲董骚当为抢人互拆台	45	4.72%
140930 亚当高调膜拜单亲妈妈	54	4.37%
141001 法瑞尔下跪求被萝莉选	66	6.21%
141007 骚当跪地欢迎美女学员	43	3.57%
141008 小鲜肉来袭惹导师疯抢	24	3.04%
141014 双姝瞪眼对唱激情斗艳	24	2.39%
141015 正太擂台争锋逗比奶爸	17	4.14%
141021 吉他男 PK 翻唱酷玩金曲	28	2.16%
141022 暖男绝杀美版吴莫愁	22	4.40%
141028 超级奶爸压轴导师哄抢	28	2.28%
141029 气质帅哥迷倒史蒂芬妮	10	1.37%
141119 十强鏖战格温卖力助唱	1	0.45%
141125 怪咖男旷世魔音震评委	25	2.44%
141126 霉霉倾情献唱大秀金嗓	7	1.43%

表 4-12　《美国好声音》关于"音乐"节点的编码及其结果

节点	子节点	出现的样本数(N=15)	具体内容出现次数	典形或编码示例
对音乐的理解和态度	选手对音乐的描述	13	173	对音律非常敏感,所以唱歌才会这么好听;姐姐帮我报名　参加军队唱歌比赛然后我就爱上了;我 4 岁就开始唱歌　参加些牛仔竞技一类的;请我在葬礼唱歌　在那么伤心的时刻面对;开始和我妈妈在教堂唱歌;我妈妈鼓励我唱歌所以我想回报她补偿她;自从 5 岁就开始唱歌了;当父亲发现我能唱歌时,他高兴坏了;我知道有爸爸在身边我唱歌从来都不会紧张;每天我都会和她一起唱歌　我非常享受;为什么胖子不能唱歌;我的爱好是唱歌还有写歌;我真的很喜欢唱歌;我从 4 年级开始唱歌;妈妈总是鼓励我在车里唱歌　我唱得很大声;我们总是聚到一起唱歌跳舞保

节点	子节点	出现的样本数（N＝15）	具体内容出现次数	典形或编码示例
对音乐的理解和态度	选手对音乐的描述	13	173	持鲜活；从我5岁开始我妈妈听到我唱歌；我在教堂唱歌长大；以一种贪婪的方式唱歌；有机会能来到这个舞台唱歌我真的很感激你；不能再想太多只管好好唱歌就行；唱歌就是我喜欢做的事情；我为我的人生唱歌；有这样的大人物指导我唱歌绝对是一辈子只有一次的机会；为过去的3年，我放弃了唱歌，因为我爸过世了，每次我唱歌的时候，都会想到我爸；就像是在用生命唱歌；Pharrell的教导让我走到了今天；我是可以唱歌的　你向所有人证明了；Gwen和Christina帮我定位角色；和Adam一起唱歌感觉很酷他会指导我
	导师对音乐的理解	11	53	你唱歌的时候就像是个能量源；你身心愉悦充满激情地唱歌，此乃极乐；在这个舞台唱歌，你会面临很多压力，你是在唱歌给我们听；我不只是在找会唱歌的人，唱歌时让人舒服很重要；你很投入地在唱歌，这是一种非常好的潜质；我很欣赏那些在唱歌时展现出自己个性的人；选手有自己的故事的时候唱歌就是在表达自己；喜欢你的声音是因为你在唱歌时，注入了很多感情；你唱歌也有种得州的范儿；你唱歌的时候就像这是只属于你；我听着你唱歌心里就在想，我需要他；喜欢死了，你今天非常棒，唱歌很稳，音高不错；我觉得你唱歌很投入（2）；很震惊，你能以这种方式唱歌，你有很宽的音域；唱歌时要将一切融入进去；唱歌时要带入感情；我要给你写首情诗，你唱歌的声音如此引人入胜；唱歌时保持这种激情；共鸣不够；因为他在用"生命"唱歌，他的声音真的很棒；你来到这个舞台，通过唱歌来讲述你的故事；看见他唱歌时带有的那种雄心壮志；你们唱歌很投入都带有家乡的特色；你们才是明星带着感情唱歌很重要；你们两位都有很强的唱歌欲望；很重要你必须带着感情唱歌；她唱歌很轻松，嗓音非常优美；你唱歌的控制力非常强；你是微笑着唱歌的非常可爱非常甜美；要按我指导她的方式来唱歌，展现很棒的高音；唱歌时你应该带着一丝笑容；是要像个摇滚明星一样唱歌

音乐在节目中是重要的叙述元素之一,歌手演唱的歌曲从理论上来说是比话语还重要的力量,众所周知,音乐有慰藉心灵的作用,可以鼓舞人心、感动他人,不同的音乐类型对应不同的喜好人群。一定程度上,人们爱看音乐真人秀节目,首先是来欣赏音乐和选手,其次才是观看导师的点评和互动,但考虑到音乐面向的范围实在太广,加上音乐特别是流行音乐的叙述形式需要专门的论述,譬如我们可以探讨导师偏爱摇滚嗓和摇滚音乐在中国的意义,或是探讨美国导师或擅长乡村音乐或擅长摇滚乐。在比较中我们发现美国导师选择"好声音"的标准相对更多元化一些,也更符合自身对音乐的要求和审美,但这与本研究的主题相关性不是很大,故我们还是聚焦于对音乐本身的理解和态度的讨论。

音乐是贯穿节目的主线,从参考点数量和覆盖率来看,"音乐"在文本中出现的频率是比较高的。总体上来说,《中国好声音》的选手比较强调"我很爱或特别喜欢唱歌"(12)、"我觉得没有一件事比唱歌更快乐的"(7)和"登上一个大舞台唱歌给大家听"(3),选手们的潜台词是"发自内心的喜欢和热爱唱歌,唱歌带给我快乐,所以我要来参加比赛",表现出来对唱歌的感觉是需求导向而不是目标导向,他们来唱歌不是带着很强的功利目的的,譬如说"我要获奖,我想要成功,我想要晋级"之类的话语没有直接呈现,选手们通过含蓄的语言表达着"我这么热爱音乐,我的音乐水准还是不错的,导师们快选我吧"之类。导师们对音乐的评论倾向于主观体验,譬如"能够感觉到你唱歌的那种自由"(2),"你整个唱歌的状态看起来有故事有经历",我是有感受的从你唱歌的声音里还有情感的爆发等,而不是对音乐的直接判断和评论。

《美国好声音》中选手们对音乐的描述集中于"我和音乐的关系""我是怎么开始接触音乐的"和"为什么会喜欢上音乐"等,或是从小开始接触音乐或是在教堂唱诗班长大或是表达享受音乐等,选手们的交流模式倾向于解释原因,用具体的事实告知前因后果,语言更加生动自然。导师们对欣赏的音乐的评价包括就像是个能量源、唱歌让人舒服、展示个性、表达自己、通过唱歌来讲述你的故事、投入感情、用"生命"在歌唱、唱歌的控制力很好等。评价更多元化,更倾向于用事实判断来展示自身对音乐的理解。

二、与形象相关的描述与比较分析

一般来说,如果我们通过视频文件来对选手形象特征进行编码会相对客观一些,考虑到视频样本量比较大,选手形象的指标又比较多,主观判断容易出现误差,而且对导师来说形象在"好声音"中的评判比重应该是排在次要位置的。

表4-13 《中国好声音》关于"选手形象"节点的编码及其结果

节点	子节点	出现的样本数(N=12)	具体内容出现次数	编码示例
节目过程中与形象相关的描述	对个性的描述	6	11	极具个性的
	对技巧的描述	8	13	你有唱功也有技巧
	对自信的描述	9	16	你非常自信
	对勇气的描述	4	5	非常有勇气
	对学习的描述	9	15	我还想学习更多
	对性感的描述	2	3	给人性感的感觉
	对笑容的描述	8	10	爱笑
	对天赋的描述	8	13	非常有天赋
	对态度的描述	7	22	有态度的
	对特点的描述	4	5	挺有特点的
	对帅的描述	5	9	很帅
	对情感的描述	8	24	能表达我的情感
	对漂亮的描述	2	2	很漂亮

节点	子节点	出现的样本数（N＝12）	具体内容出现次数	编码示例
节目过程中与形象相关的描述	对朋友的描述	9	25	我有很多好朋友
	对明星的描述	2	2	成为一个在台前耀眼的明星
	对能力的描述	8	17	尽我最大的能力
	对可爱的描述	4	7	太可爱了
	对家庭的描述	8	14	普通家庭；单亲家庭；家庭严禁；音乐家庭；幸福家庭
	对家人的描述	7	13	我的家人一定会为我骄傲的；我们全家人喜欢在院子里唱歌跳舞；我的家人都很热爱音乐；正带着全家人的期待；我家人给了我很多鼓励
	对工作的描述	8	33	我每天忙于工作但是音乐才是我的理想；现在在一家金融公司工作；我现在的工作完全接触不到音乐；你能不能换一个工作；我是一名货车司机；我是一名网络漫画师；我白天的工作是平面设计；现在在深圳从事幕后工作；我现在在医院的信息科工作；我是一名声乐老师；不辞辛劳地在工作着
	对生活的描述	7	33	这首歌是我现在生活的一个写照；我的生活不能没有音乐；那不是我想要的生活；我能够完全体会你对于生活的这个挣扎跟那个感觉；唱歌成为我生活中最大的乐趣；这就是我们想要的生活方式；一半是生活一半是梦想
	对压力的描述	7	11	背对舞台减轻了我的压力；我妈妈顶着特别多的压力一直支持我；导师们压力空前巨大；任何一个人都会有巨大的压力
	对艰难的描述	2	2	在这个社会上行走是比较艰难的
	对困难的描述	2	2	或者是一些困难让你过不去
	对生命的描述	7	17	音乐是我的生命
	对加油的描述	10	79	加油吧
	对美女的描述	1	2	是美女

表 4-14 《美国好声音》关于"选手形象"节点的编码及其结果

节点	子节点	出现的样本数(N=15)	具体内容出现次数	编码示例
节目过程中与形象相关的描述	对个性的描述	12	24	你很有个性;挖掘出你内在独特的个性;我希望学员都有自己的个性
	对技巧的描述	9	19	你的演唱技巧非常棒;你用的所有技巧都令人兴奋
	对自信的描述	13	42	我喜欢你的自信;我不是特别自信;你非常自信
	对勇气的描述	2	2	终于鼓起勇气
	对学习的描述	11	28	学习得很快;如何作为一名音乐家去学习合作去打磨自己;我乐于吸收和学习新东西;我将能向更优秀的歌手学习;我想向他学习
	对性感的描述	3	4	欣赏他的那种真挚的性感
	对笑容的描述	13	40	我们会微笑收场的;看看那笑容;因为我笑得太多了;笑到爆;我一直都在大笑不止;真的很搞笑;她的声音中有些微笑的东西;你应该微笑;你对观众微笑与观众互动你非常擅长
	对天赋的描述	14	46	非常有天赋
	对态度的描述	3	3	态度也很关键
	对特点的描述	6	6	要散发出来一些独特的特点,你才能引人注目
	对帅的描述	6	15	你真的很帅
	对情感的描述	9	31	歌声充满情感;能调动观众的情感;我希望你要融入自己的情感
	对漂亮的描述	11	26	她很漂亮
	对朋友的描述	12	41	我朋友都会说你鼻音太重;我从没交过男朋友;我们的一个朋友中枪被杀了;在女朋友的鼓励下;我的一个朋友击中了我令我右眼失明
	对能力的描述	11	27	你很有能力
	对明星的描述	14	49	我觉得你很有明星的气质;我在寻找明星

续　表

节点	子节点	出现的样本数（N＝15）	具体内容出现次数	编码示例
节目过程中与形象相关的描述	对可爱的描述	9	19	你好可爱
	对家庭的描述	10	26	我必须要打理家庭事业；背负着家庭的梦想；我们回去家庭聚会；我来自一个艺术大家庭；你的家庭信息可真够具体；来自一个宗教家庭；他的家庭环境不好；音乐家庭；宗教信仰家庭
	对家人的描述	15	44	我们家人都很亲密；我喜欢和家人一起工作；我想要家人为我自豪（2）；我能更好地照顾家人；我家人都是基督徒；这次机会全家人都很激动；我们竭尽全力挣钱照顾家人；希望借此改变家人生活（2）
	对工作的描述	13	76	我喜欢和家人一起工作；能让他脱离高压力的工作，重回最爱的音乐的怀抱；这份工作非常棒；我妈妈放弃了自己的工作以帮助我们追求梦想；她能找到的最好工作是苦力活；能将音乐变为我的全职工作；我还有份在咖啡馆的工作；我在一家零售店找了份工作；我为她做的工作感到非常骄傲自豪；我在一家 Uline 船运公司工作；我找了一份洗车工的工作；虽然我很热爱这份工作，但音乐是我的热情所在；她辞掉教师的工作追求音乐梦想；很高兴做这份工作
	对生活的描述	14	43	我甚至可以改变别人的生活；为了更好地生活；改变了我的生活（6）；我算是一直生活在音乐中；改善我们的生活（7）
	对压力的描述	12	26	我不能处理舞台上的压力；我知道压力非常大
	对艰难的描述	14	70	那是一段很艰难的时光（15）；艰难的选择（52）
	对困难的描述	6	9	靠音乐养活自己很困难

节点	子节点	出现的样本数（N＝15）	具体内容出现次数	编码示例
	对生命的描述	10	16	这是我生命中最不可思议的时刻；就像是在用生命唱歌
	对加油的描述	12	61	加油
	对美女的描述	4	5	是美女

通过文本统计分析虽然无法直观判断选手的高低美丑，是可爱性感还是相貌平平，但由于"好声音"评判标准中对声音的强调，形象对导师们来说并不是最重要的。但总的来看，形象只是在盲选阶段不予考虑，这可以给更多形象欠佳的选手展现的机会，展示评判标准选拔的公平原则。但从后续淘汰赛、四强赛等来看，不管是赛制的安排还是观众的喜好，形象和音乐是分不开的，一个长相奇丑的人唱着动人的情歌这样的画面并不唯美。因此，考虑分析研究视角的侧重，这一部分还是采取了文本统计分析，这样可以从一侧面反映文本呈现的叙述特色。从文本分析结果来看，《中美好声音》存在以下异同。

一是中美"好声音"都有与选手形象相关的叙述，包括补充形象之用的个人特质之类的描述，但两者的侧重点不尽相同。

二是总体上来说，除了勇气、性感、特点和美女这些节点之外，《美国好声音》在其他所有节点的对比中描述数量都更多，部分代表《美国好声音》话语中更倾向于出现与个人形象相关的叙述。

三是从分析中我们发现，《中国好声音》更注重选手对音乐的态度描述，《美国好声音》则侧重对个性、笑容、天赋、漂亮、可爱和自信的描述，这也在一定程度上反映出导师们的选择倾向性。

四是与形象直接相关的选手背景资料的描述中，《中国好声音》主要涉及朋友、工作和生活，朋友主要是为了强调有很多好朋友而没有叙述朋友对自身的重要性；工作主要是因为会出现在问答环节，故此频次相对较多，仅限于工作岗位的描述，抑或简单说明工作与音乐的关系；而关于生活的叙述，则反映出音乐在生活中的重要性以及生活的不容易。《美国好声音》在这三个方面的叙述都不比中国的少，区别在叙述朋友是为了说明与这位朋友曾经发生什么样的联系，会有具体的举例；描述工作主要是说明我的工作能为我带来什么、我对工作的态度以及如何平衡音乐和工作等，说明工作对其的重要性；描述生活主要聚焦改变了我的生活（6）和改善我们的生活（7），体现的是一种发展性的眼光。

最后，在以下描述中，《中国好声音》出现频次几乎可以忽略不计，且有意义的描述并不太多；但在《美国好声音》中却有大量的篇幅，主要集中在家庭、家人和压力，描述中体现对家庭的重视、对自身家庭的认识、对家人的爱和感恩以及对舞台压力的叙述等。

中美"好声音"选手的角色形象，从伦理学的视角考察的话，蕴含着伦理秩序、道德应当、角色责任等伦理意蕴。角色伦理是研究社会角色的权责关系、角色道德及其伦理行为模式的一种理论维度，以与社会角色身份和地位相一致的道德行为规范、角色行为的伦理行为模式。节目中的角色代表了一种类"公众人物"的社会角色，为此选手在节目演出过程中的人际互动或交往，还需考虑社会角色的权利与义务、角色表演的技巧等问题，并符合自身角色和扮演之间度的把握问题。

埃里希·弗罗姆的人道主义伦理学关注自我力量的增长，并认为个人品格的形成是个体独特的气质构成与他早期特殊的生活经验和文化环境共同作用的结果。人格的价值并不在于人格主体本身的造就，而在于市场上他方的需求，在于其人格具有可接受的"吸引力"；正因为如此，"明星"成为了理想的人格模式，代表着最具魅力、最时髦的人格类型，使得接收对象丧失了自我判断和评价的能力，丧失了自尊和独立，他们的自我感不再是"我即是我所是",而是"我即是你所欲求的我",人的自我同一感变成其"所能扮演的全部角色所构成"。①

从人道主义伦理学的角度来说,导师对学员的选择应该是综合考虑的,音乐和形象两者缺一不可。为此我们有理由认为从最初的人员筛选开始,一方面导演组应该需要有一个把关,"好声音"是唯一标准在一定程度上是伪命题,还需把关人格品行,一旦一名道德败坏的选手被推上舞台并走向成功,传播负效应的后果也是不可想象的;另一方面,在个人形象和语言的设计和把关上,我们可以站在更高的视角来看待问题。譬如用品牌管理的战略眼光来看待每一名选手,当然前提是以选手本身的素养为基础,我们乐于见到谦逊、迷人、有礼貌、沉着和有朝气的选手。譬如张碧晨和帕尔哈提从他们的表现来看都是具备这些闪光点的,关键是在能否出现更多类似的选手。

第四节　真实与表演真实

一、对情感表达的描述和分析

叙述或者表演一个事件的主要区别在于能够被叙述者精确地呈现出来,但真实或精确在任何情境下都是比较难以界定的,特别是节目录制过程中,作为一个开放的编码系统,叙述元素多元,传受双方都会受到镜头的约束。在知晓我说的话有可能会被播出的前提下,一般来说,传播者首先要考虑对自身的形象负责;其次要考虑传播效果是否能够符合预期;最后还要考虑如果语言违背真实原则,是否会破坏真人秀节目"真实讲述的

---

① 万俊人:《现代西方伦理学史》,中国人民大学出版社 2011 年版,第 572 页。

道德标准"。为此我们通过统计选手们对"遗憾""高兴""后悔""激动""紧张""伤心""生气"和"开心"等情绪性的编码分析中来理解节目中对真实界限的设置。

表 4-15　《中国好声音》在节目过程中对情感表达的编码结果

节点	子节点	出现的样本数（N＝12）	具体内容出现次数	编码示例
节目过程中的情感表达	对感动的描述	11	44	我真的好感动
	对成功的描述	9	18	今天终于成功了
	对高兴的描述	4	4	会高兴的
	对后悔的描述	6	14	我现在特别后悔
	对激动的描述	4	12	我真的很激动
	对紧张的描述	4	8	有点紧张
	对压力的描述	7	11	压力非常大
	对开心的描述	7	20	我感觉非常开心
	对哭的描述	11	36	我们说好不哭
	对快乐的描述	6	13	带给我们那么多快乐
	对命运的描述	6	9	决定学员的命运
	对喜欢的描述	12	145	我喜欢唱歌
	对兴奋的描述	5	8	我又兴奋又紧张
	对拥抱的描述	4	6	快去拥抱你的妻子吧
	对幸福的描述	8	15	我今天很幸福
	对遗憾的描述	7	33	这真是太遗憾了

表 4-16　《美国好声音》在节目过程中对情感表达的编码结果

节点	子节点	出现的样本数（N＝15）	具体内容出现次数	编码示例
节目过程中的情感表达	对感动的描述	9	14	我被你唱的感动了
	对成功的描述	15	99	她成功了,太棒了
	对高兴的描述	15	103	我真为她感到高兴

节点	子节点	出现的样本数（N=15）	具体内容出现次数	编码示例
节目过程中的情感表达	对后悔的描述	2	4	以后会后悔的
	对激动的描述	14	71	我非常激动
	对紧张的描述	15	80	我有点紧张
	对压力的描述	12	26	你会面临很多压力
	对开心的描述	13	67	我很开心
	对哭的描述	7	24	我真的感动到哭了
	对快乐的描述	8	9	我很快乐
	对命运的描述	6	6	决定我的命运
	对喜欢的描述	15	325	我喜欢唱歌；我很喜欢你
	对兴奋的描述	15	54	我非常兴奋
	对拥抱的描述	8	14	你需要个拥抱
	对幸福的描述	5	6	我很幸福
	对遗憾的描述	7	8	太遗憾了

　　语言系统和情绪系统是个人在面对环境变化时反应最为明显的两个系统。通过对中美"好声音"情绪化语言的编码，我们发现《美国好声音》的情绪化表达明显高于《中国好声音》，一定程度上反映出《美国好声音》的导师和选手更乐于去表达自己的情感，展现自身的情绪变化，喜怒哀乐在镜头前更加不假思索，给人以更真实的自我的感觉。而《中国好声音》的导师对情绪的表达相对是克制的，对自身的语言传播有一个既定的主动的要求，如果仔细观察还是有表演的痕迹。譬如对感动和哭的处理，《中国好声音》的导师倾向于语言安慰，美国版导师这个时候则更多用肢体语言来表现自身的情绪变化。在对成功、高兴、紧张、激动、开心和兴奋的描述中，《美国好声音》的选手用语言表现出来的次数明显高于《中国好声音》选手。对一项重要的比赛来说，对比赛结果

如何表达也是蛮有意思的事情,你无法判断语言表达和肢体表达哪个更符合当时的主观体验,只能求助于镜头前的个体观众的观感来判断。为此我们要探讨什么样的表现更趋向于真实表现、什么样的表现更符合伦理取向。

二、对话伦理:语言的力量

查理斯·李斯勒·史蒂文森在《伦理学和语言》一书中分析了语言与伦理学的关系,阐述了语言复杂的功能和特性对人们的各种表述、表达和判断产生影响,与伦理学相关的主要是带有有价值意义的语句语词,了解伦理学问题的基本条件在分析伦理学语言、逻辑及它所含的心理因素,心理因素包括情绪、态度和欲望等因素。在他看来,人们使用的语言具有描述的和动态的特性区分,目的是描述事物、表达信念和激发或改变情感,并说明在人类的日常道德生活中,语言、符号和隐喻等都是人们在道德判断中经常运用的习惯表达方式。

阿尔弗雷德·艾耶尔等情感主义学家认为,伦理判断句主要在表达主观情感、偏好、愿望和厌恶,而史蒂文森则更强调以我的感受去影响你的情感和态度,强调价值术语的情感意义高于他们表达或暗示的任何事实信息;或者是一个言说者试图使另外一个人以特定的方式而行动的命令。尤尔根·哈贝马斯对言语交往的有效性要求主要体现在对外在世界和内在自我以及语言的真实性、正确性、真诚性和可领会性方面,分别对应交往模式中认识式客观性态度、相互作用式遵从性态度和表达式表达性态度,揭示出言语的一般性功能为事实之呈现、合法人际关系之建立和言说者主体性之揭示,其交往伦理学的最重要目的是启蒙,通过理论来重塑社会实体的过程,通过启蒙来促使人们反省自己的认识兴趣,放弃狭窄的观点,进而在合乎理想的沟通中达成共识。①

哈贝马斯认为,普遍化原则可以作为制度设计的基础,对话一般受到时空的限制,发生于具体的社会情境中,对话的参与者一般都是活生生的个体或群体,他们有参与对话的动机和思维模式。对话中涉及的论题或是随机展开或是有序组织,要进行有效有质的对话,就需要在对话的结构上进行设计,从开始、结束与接续都要精心安排。这些安排会受到制度上的、经验上的、情境上的或是知识体系的影响,还有多重内外部的干扰影响对话的进程,要想实现对话的理想化是有一定难度的,需要充分考虑各方面条件。

不管是哪种对话伦理学,它基本上是作为一种认知主义的道德哲学来设定的,要对有效的规范进行验证并呈现充分的理由。因此,一定程度上说,对话伦理规范不能单向外在的因素如制度或权力等的妥协,而需要拼接内在的价值判断如对论辩的坚持等才能让道德自明。为此我们在对话语进行分析的同时,时刻把握一个原则即要揭示话语本身内涵的道德意蕴,不管是语言还是手势,既要有对环境的掌握,更要遵从自身德性的内心,用开放包容的心态构建话语模式,形成语言的张力和力量。而对于"好声音"中的对话语言来说,由于是艺术加工的产物,我们在分析的过程中侧重对真实表现还是表演,抑或是两者结合的考量。总体上来看,中美"好声音"中语言的表演痕迹不是很明显,不管是语言运用还是对话的开展,基本遵循了自身内在的价值标准的要求,而没有过多的修饰和掩藏。

---

① 相关观点,可参见胡军良:《哈贝马斯对话伦理学研究》,中国社会科学出版社2010年版。

第五章　《中国新歌声》叙事伦理新表现

　　《美国好声音》第七季后国内就没有引进播出，这一定程度上也可以看出其影响力的弱化，可能的原因有：一是真人秀节目遍地开花，收视竞争激烈；二是节目模式化引发观众的审美疲劳；三是第五季《中国好声音》更名为《中国新歌声》，并自创滑梯转身增强节目可看性；四是音乐评论类内容对话新意不足，这个我们通过文本来分析观察。

　　为了更好地了解和发现不同年份的节目创作的内容差异，作为全新原创的大型励志专业音乐评论节目其内容中体现出来的叙事伦理属性有哪些变化，不同的播出环境和赛制变化对叙事伦理产生哪些影响，我们对2016年的《中国新歌声》做了样本选择和分析。本研究样本的选取方法采用质性研究中常用的立意抽样法。具体方法是，先收集《中国新歌声》第一季（来自腾讯视频，总共 15 集）对研究问题有价值的期数，并把视频中的音频转录成文字，形成文字样本。样本的选择主要考虑覆盖所有学员的参赛情况，为此盲选阶段和淘汰赛阶段的比赛内容基本选择入内，之后再根据对话价值选择 1—2 期入内做比较分析。

　　《中国新歌声》样本总期数共选择 13 期（总时长：约 22.2 小时；总字数：166479），具体如下：

　　1. 第 1 期：《汪峰首曝章子怡恋爱秘事　四川话版〈双截棍〉听嗨周

董》(时长:96分钟,字数:13592);

2. 第2期:《耿直girl气坏那姐!女嗓男遭四导师疯抢》(时长:92分钟,字数:17052);

3. 第3期:《周董调侃哈林汪峰节奏乱!木偶美女神改编〈小苹果〉》(时长:111分钟,字数:16022);

4. 第4期:《饶舌女孩选那英!周杰伦汪峰要罢录了》(时长:103分钟,字数:17149);

5. 第5期:《嘻哈版凤凰传奇嗨翻全场 57岁金曲奖得主惊呆四导师》(时长:104分钟,字数:16574);

6. 第6期:《徐歌阳争议视频后获汪峰力挺 白若溪刘雪婧泪洒舞台》(时长:106分钟,字数:12026);

7. 第7期:《周董战队学员唱功太强 费玉清全程陶醉脸》(时长:102分钟,字数:12792);

8. 第8期:《姚希神改编TFBoys经典 那英成媒婆撮合"姐弟恋"》(时长:96分钟,字数:11636);

9. 第9期:《"小舒淇"万妮达忘词好尴尬!李佩玲献唱致敬父母》(时长:104分钟,字数:11380);

10. 第10期:《薛之谦拿段子调侃那英 汪峰献歌示爱章子怡》(时长:99分钟,字数:8132);

11. 第11期:《徐歌阳被赞女嗓汪峰!曾敏杰太耿直得罪周董》(时长:106分钟,字数:8910);

12. 第12期:《万妮达跑调遭淘汰!那英"泪奔"不舍爱徒》(时长:107分钟,字数:10244);

13. 第13期:《冲刺夜55555!那英徐歌阳汪晨蕊杨美娜都哭了》(时长:108分钟,字数:10970)。

就选择的样本来看,从总的时长和字数上粗略来看,《中国新歌声》要凸显原创元素,在编排上与前四季的《中国好声音》做了区分;但从播出的体量和呈现的效果来看,总体上来说区别不是很大,收视率稳中有降,收视群体中 90 后比重下降,更多为 80 后有一定的生活经验积累的群体,他们更容易根据收视惯性来保持关注,加上导师们总体年龄偏大,对年轻一代的号召力和影响力弱化。节目注重声音质量的同时一定程度上也牺牲了音乐的有趣性,节目在找传统和现代结合的好声音,音乐选择要么摇滚到至情至性,要么抒情到感人至深,或者如万妮达类嘻哈说唱类的创新突破。我们将通过文本分析更好地来看导师们选择的倾向性和影响因素。

选定样本后,根据内容分析总的思路,借用质性分析统计工具,把《中国新歌声》的文字材料导入质性分析软件 Nvivo10.0,具体的分析方法如前,此处不再赘述。在系统编码开始之前,根据现有材料和研究目的,对相关问题进行统计分析。

我们先大体看下这季学员的主要特点,与以往的主要区别在于绝大多数学员是专业型选手,或是圈内已经小有名气,或是知名院校出身,或是混迹音乐场所多年,或是专业比赛型选手,完全的素人基本在个位数。这样的学员配置一定程度上可以保证歌曲演唱的水准,学员的舞台掌控能力更强,更容易趋于表演性演唱,注重形成自我演唱风格,对自身的形象设定有更多假设的前提。因此,在舞台上的学员出现了更多表演的痕迹,加上很多学员本身就曾经参与多项音乐类赛事但还没有成名,继续参加相对重量级的比赛为增加曝光率和成名的几率,参赛的动机似乎明朗化了。从后续我们在进行语料分析也可以回应这一变化带来的话语影响,如"梦想"叙事的弱化,自身情况和参赛动机的弱化等。

表 5-1 《中国新歌声》选手特征及"故事"类型列表

25 岁,向洋,新加坡出生,华语流行乐男歌手,高大帅气,毕业于伯克利音乐学院音乐制作专业
30 岁,白若溪,北京出生,高大内敛,歌手,音乐制作人,音乐剧演员
30 岁,游淼,四川宜宾人,中国风,擅长并喜爱用方言唱歌
16 岁,李佩玲,马来西亚出生,年轻可爱,深爱妈妈,青年歌手,现就读于钟灵独立中学
21 岁,蒋敦豪,新疆博尔塔拉蒙古自治州博乐市出生,对音乐有一种纯粹的热爱,中国内地男歌手,就读于新疆艺术学院音乐系
26 岁,杨搏,湖北武汉人,大学生,有五年网络直播唱歌经历,音乐是他的生活寄托
23 岁,刘雪婧,湖南岳阳出生,中国内地流行乐女歌手,毕业于上海音乐学院音乐戏剧系
25 岁,吉克皓,四川凉山出生,腼腆可爱,音乐有感染力
22 岁,白静晨,河南平顶山人,天津体育学院运动与文化艺术学院学生,阳光大男孩
29 岁,苏立生,黑龙江伊春人,北漂,后海酒吧驻唱,坚持音乐梦想,家庭条件一般,从容淡定
20 岁,曾敏杰,广东东莞出生,中国内地流行乐女歌手,单亲家庭,独立有个性
36 岁,刘天文,内蒙古自治区乌兰浩特市人,中国内地摇滚男歌手,从小热爱音乐,爆发力惊人
20 岁,郑迦文,浙江温岭出生,中国内地流行乐男歌手,职校学生,热爱英文歌曲
21 岁,程思佳,来自湖北十堰,"铁肺少女",大三学生
27 岁,侯志斌,四川内江出生,中国内地流行乐男歌手,毕业于四川师范大学音乐学院,唱功扎实
20 岁,徐歌阳,辽宁沈阳出生,中国内地流行乐女歌手,舞台风格高冷
26 岁,阿瑞,中国澳门出生,多国血统
30 岁,姚希,女,来自汕头,毕业于星海音乐学院,音乐功底较好
26 岁,朴翔,新疆塔城出生,中国内地流行乐男歌手,吉他手,单亲家庭,艺人家庭
26 岁,赵小熙,海南三亚出生,热爱音乐、吉他和英文歌
22 岁,李瑞轩,重庆出生,中国内地流行乐男歌手,大学生,嗓音多变
19 岁,王闯,来自贵州,布依族,清新细腻,与众不同
23 岁,单良,辽宁沈阳出生,有古典戏曲功底
27 岁,杨美娜,吉林延吉出生,朝鲜族,奔放有张力,老公全程陪同秀恩爱

续　表

22 岁，万妮达，福建福州出生，中国内地嘻哈说唱女歌手，风格独特
37 岁，杨山，来自贵州，北漂小酒馆老板，民谣爱好者
黄俊杰，沈阳音乐学院大三学生，嗓音慵懒
25 岁，阿克江·阿依丁，新疆伊犁哈萨克自治州奎屯市出生，中国内地流行乐男歌手、音乐制作人，毕业于新疆医科大学，嗓音低沉富有磁性
25 岁，付豪，北京出生，融入民族风
33 岁，吕俊哲，河南濮阳出生
21 岁，岳靖淇，贵州出生，音乐是入伍前的愿望
26 岁，项亚蕻，浙江武义出生，摇滚歌手
58 岁，官灵芝，台湾出生，中国台湾流行乐女歌手
20 岁，周旸，出身戏曲世家，声音自然
低调组合，中国内地嘻哈说唱组合，由杨和苏、张馨月组成
25 岁，汪晨蕊，广东兴宁出生，中国内地流行乐女歌手，毕业于星海音乐学院流行音乐系通俗演唱专业
31 岁，吴江，四川出生，歌手，毕业于北京现代音乐学院
17 岁，吴映香，巴西圣保罗出生，华语流行乐女歌手，"TGG 组合"成员
18 岁，林恺伦，洛杉矶出生，个性音乐都很酷，师从大师，创作型选手
24 岁，周羽田，上海出生，中国内地流行乐男歌手、影视演员，毕业于多伦多大学
19 岁，包师语，吉林长春出生，中国内地女歌手

第一节　"梦想"叙事比重下降

《中国新歌声》文本中提到与"梦想"相关的共有 55 次，相较于第三季《中国好声音》97 次缩减了近一半，这是一个有意思的变化，这不仅体现的是导师自主询问"梦想"次数减少，学员自主提到"梦想"次数也相应减少，除了主持人在串场过程中提到以及导师在学院问答中提到"梦想"之外，主要集中于两个主题（见表 5-2），分别是导师和学员对"梦想"的态度和理解。

表 5-2　《中国新歌声》关于"梦想"节点的编码及其结果

节点	子节点	出现的样本数(N=9)	具体内容出现次数	典形或编码示例
对梦想的理解和态度	导师对梦想的理解和态度	4	6	我从小就梦想着长成一米八;不管你有多少的梦想,不管你要追求什么,爱永远比那些更重要;我的梦想就是得到你;我会替你实现梦想(2);你还可以重圆你儿时的梦想
	学员对梦想的理解和态度	10	18	增加了一个新的梦想;实现我们的(唱歌)梦想(8);我的梦想就是写自己的歌;带着小伙伴们的梦想;梦想给爸妈买一套房子;梦想开一个小型的音乐 Live Show;我的梦想就是音乐一直在成就我;我的梦想是做一名音乐教师;梦想成为既能弹又能唱的贝司大师;我想比昨天的自己好一点;我想出我的一张 CD

　　梦想是目标信念,也是一种力量,是前进道路上的强大支撑,梦想的道路一般不会是一帆风顺的,只有经过不懈的努力和奋斗、经过不断的磨砺加上实现梦想的决心和勇气,才有更大的几率朝梦想靠近。在节目中谈梦想时,有一个潜在命题"音乐之路不好走",不仅需要天赋、勇气,更需要机遇和慧眼。特别在中国的传统家庭结构中,大多数家长希望自己的儿女从事一份相对稳定的工作,而音乐艺术之路在现实的柴米油盐面前不容易坚持,这也可以理解。我们在节目中看到选手们坚持自己的音乐选择,得到父母的支持或是反对的时候,我们看到了区别于大多数局限于自身"俗世"境况的情境。作为观众,看着选手谈梦想是一种什么样的体验呢? 会否激发起自身投身梦想事业的热情? 看到选手们的努力会更喜欢他们吗?

　　一定程度上观众还是会为选手们的努力而感动,关键在于叙述话语的强调程度。假设一位选手只顾叙述自身追逐梦想的过程中经过了很多挫折,得到了很多反对的声音,尝遍了人间冷暖,但依然在坚持,这就有诉苦的成分了,观众并不喜欢选手只会抱怨,而喜欢"为什么我的眼里常含泪水?因为我对这片土地爱得深沉"的含蓄表达。但从"梦想"叙事的节奏、频次以及内容上,我们也可以看出节目组对观众口味的看重和精心的设计。梦想不单是高高在上的阳春白雪,也可以是"卖房出单曲开演唱会"的现实,音乐和人间烟火并不矛盾,这种更接地气的对话反而更能看出节目组的诚意,也更容易打动人。

第二节 导师对"声音"以正面肯定为主

表 5-3 《中国新歌声》以"声音"为节点的参考点列表

样本名称	参考点	覆盖率
第 1 期:《汪峰首曝章子怡恋爱秘事 四川话版〈双截棍〉听嗨周董》	16	1.44%
第 2 期:《耿直 girl 气坏那姐!女嗓男遭四导师疯抢》	25	1.69%
第 3 期:《周董调侃哈林汪峰节奏乱!木偶美女神改编〈小苹果〉》	10	0.85%
第 4 期:《饶舌女孩选那英!周杰伦汪峰要罢录了》	20	1.49%
第 5 期:《嘻哈版凤凰传奇嗨翻全场 57 岁金曲奖得主惊呆四导师》	15	1.15%
第 6 期:《徐歌阳争议视频后获汪峰力挺 白若溪刘雪婧泪洒舞台》	9	0.96%
第 7 期:《周董战队学员唱功太强? 费玉清全程陶醉脸》	8	0.85%
第 8 期:《姚希神改编 TFBoys 经典 那英成媒婆撮合"姐弟恋"》	13	1.38%
第 9 期:《"小舒淇"万妮达忘词好尴尬!李佩玲献唱致敬父母》	11	1.05%
第 10 期:《薛之谦拿段子调侃那英 汪峰献歌示爱章子怡》	3	0.47%
第 11 期:《徐歌阳被赞女嗓汪峰!曾敏杰太耿直得罪周董》	7	0.91%
第 12 期:《万妮达跑调遭淘汰!那英"泪奔"不舍爱徒》	5	0.61%
第 13 期:《冲刺夜 55555!那英徐歌阳汪晨蕊杨美娜都哭了》	7	0.89%

表 5-4 《中国新歌声》关于"声音"节点的编码及其结果

节点	子节点	出现的样本数（N＝13）	具体内容出现次数	典形或编码示例
对声音的理解和态度	导师对声音的描述	13	51	她的嗓音很好,我觉得她声音音质很棒,声音好听(7);声音独特(4);声音带来的伤感;声音的放松度;毁灭性的唱法;声音太震撼了;声音如水能穿石;声音有感染力;犹如天籁之音(3);声音特质里就是暖、感动(2);声音就是干净、清澈(3);那个声音特色里很萌;穿透力极强;带有呐喊撕裂的这种声音里最美的一种呐喊;非常稀有的;辽阔的;很稳重、很成熟的一种声音(2);很圆润很自然;有一种声音叫作空气感;满摇滚疯狂、热情的一个声音;他们的声音像弹簧一样;声音里有野性的;声音变化多;声音能力实在太强;沙沙的;声音里是有甜度的;声音有安稳安定;声音很怪;她的声音本来自带沧桑感;声音里高频居多;声音里有阳光活力;律动性;治愈型的声音;独特的爆发力;中性的
	导师对声音的态度	3	3	带有呐喊撕裂的这种声音里最美的一种呐喊;我想让你的声音更全面;有时候声音出来的还是缺点火

作为音乐评论类节目,对声音的审美和判断是最考验导师功力的。从描述分析结果来看,导师们对声音的评价以正面肯定为主,而且不吝赞美之词,基本上没有出现否定性评价。这点与第三季《中国好声音》如出一辙,但频次降低了很多,先前节目中导师对声音的描述多达 90 次,评价的语言也丰富得多,可见在"新歌声"阶段导师们趋于保守,这和后续对"音乐"的评价增多形成此消彼长的关系,一定程度上呼应了从"声音"到"歌声"的转变。

第三节 "音乐"叙述覆盖面比较广

表 5-5 《中国新歌声》以"音乐"为节点的参考点列表

样本名称	参考点	覆盖率
第 1 期:《汪峰首曝章子怡恋爱秘事 四川话版〈双截棍〉听嗨周董》	47	5.46%
第 2 期:《耿直 girl 气坏那姐!女嗓男遭四导师疯抢》	41	2.98%
第 3 期:《周董调侃哈林汪峰节奏乱!木偶美女神改编〈小苹果〉》	39	3.14%
第 4 期:《饶舌女孩选那英!周杰伦汪峰要罢录了》	53	3.08%
第 5 期:《嘻哈版凤凰传奇嗨翻全场 57 岁金曲奖得主惊呆四导师》	26	3.43%
第 6 期:《徐歌阳争议视频后获汪峰力挺 白若溪刘雪婧泪洒舞台》	26	1.50%
第 7 期:《周董战队学员唱功太强? 费玉清全程陶醉脸》	32	3.08%
第 8 期:《姚希神改编 TFBoys 经典 那英成媒婆撮合"姐弟恋"》	41	3.43%
第 9 期:《"小舒淇"万妮达忘词好尴尬!李佩玲献唱致敬父母》	28	1.50%
第 10 期:《薛之谦拿段子调侃那英 汪峰献歌示爱章子怡》	16	3.80%
第 11 期:《徐歌阳被赞女嗓汪峰!曾敏杰太耿直得罪周董》	14	2.24%
第 12 期:《万妮达跑调遭淘汰!那英"泪奔"不舍爱徒》	33	4.29%
第 13 期:《冲刺夜 55555!那英徐歌阳汪晨蕊杨美娜都哭了》	13	3.23%

表 5-6 《中国新歌声》关于"音乐"节点的编码及其结果

节点	子节点	出现的样本数(N=13)	具体内容出现次数	典形或编码示例
对音乐的理解和态度	选手对音乐的描述	13	215	喜欢、热爱音乐(4);因为我其实听音乐,也想要变年轻;做音乐最可贵的是无欲无求;感谢对音乐的认可;做自己的音乐;我自己的音乐梦想就是写自己的歌(2);希望有一天我会为自己的音乐感到非常骄傲;把所有的时间都献给了音乐;给中国的民族音乐添一把火;对音乐情有独钟;我们在这里每天做音乐都非常开

续　表

节点	子节点	出现的样本数（N＝13）	具体内容出现次数	典形或编码示例
对音乐的理解和态度	选手对音乐的描述	13	215	心(3)；未来能够成为中国最棒的音乐人；回归音乐的本质；我觉得每一种音乐都有它自己的性格；我遇到了很单纯热爱音乐的朋友，我有点感动；我很喜欢听黑人音乐；纯粹的音乐平台；我觉得唱歌是一辈子的；我特别喜欢唱歌(6)；我们就认认真真地去唱歌(2)；开心可以在你们前面唱歌(7)；喜欢唱歌的初心(2)；在做的最好的事儿就是唱歌了；唱歌的梦想(4)；这是一个非常会唱歌的人；最大的爱好就是唱歌(2)；唱歌有种奇妙的感觉(2)
	导师对音乐的理解	10	52	音乐的传承；音乐的狂欢；音乐的素养；音乐的血液；我想你就是台上的音乐魔术师；觉得我们这个音乐的道路很长；我就喜欢在音乐上玩一些变化；我们就一起嘻嘻哈哈玩音乐；我们就认认真真地去唱；他表达出他想要表达的音乐态度；快乐地去做音乐；等于生活就是音乐，音乐就是生活了；我来调教这样的音乐有多厉害；对唱歌的天赋领悟力；有这么强大的唱歌能力；其实唱歌用不着太过于花哨；最重要的就是要用心唱歌；情歌需要的是细腻；你听他唱歌就是那种特别纯朴；用假音唱歌的男生非常非常少；我觉得就是唱歌就是特别纯粹的心

《中国新歌声》中增加了"选手对音乐的理解和态度"表达，与"好声音"最重要的区别是，前者表述喜欢音乐为多，后者表述喜欢唱歌为多，"音乐"比"唱歌"的内涵更广，也更有人文气息，一定程度上也体现了这届的学员音乐素养更高，素人出身的比例下降，绝大多数是专业歌手或是专业院校出身。他们表达了对音乐这门艺术的情怀，而不单单只是热爱唱歌那么简单。还有节目中营造出来的轻松氛围，体现了比赛气氛很紧张，但我们要有玩音乐享受音乐的态度，这样才能更专注于音乐本身。这让观众忽视了比赛赛制上的限制，更有利于呈现视听盛宴。

第四节 与形象相关描述的新表现

表 5-7 《中国新歌声》关于"选手形象"节点的编码及其结果

节点	子节点	出现的样本数（N＝13）	具体内容出现次数	编码示例
节目过程中与形象相关的描述	对个性的描述	5	7	你的个性跟你的外形吻合吗；你是这么独立个性的一个音乐人；样子的个性还蛮特别；很有个性(3)
	对技巧的描述	9	16	没有多余的技巧忘记技巧(6)；体现你的技巧(8)；没有技巧的技巧(2)
	对自信的描述	4	6	你的自信度不够(3)；展现得更自信了(3)
	对勇气的描述	4	5	要有勇气去挑战
	对学习的描述	7	17	很多东西需要我们去学习
	对性感的描述	3	3	可以唱的更性感一点；一开口像性感的小野猫
	对笑容的描述	1	1	我一看她的笑容
	对天赋的描述	5	11	有天赋
	对态度的描述	12	18	有态度的
	对特点的描述	4	4	有特点的选手
	对帅的描述	7	17	好帅
	对情感的描述	7	9	强大的情感支撑
	对漂亮的描述	5	13	漂亮的女生
	对朋友的描述	12	51	我的一位老朋友
	对明星的描述	1	1	想要当动作明星
	对能力的描述	9	17	他有能力可以做到
	对可爱的描述	9	12	人特别可爱
	对家庭的描述	8	10	充满爱的大家庭

续　表

节点	子节点	出现的样本数（N＝13）	具体内容出现次数	编码示例
节目过程中与形象相关的描述	对家人的描述	11	38	要的就是一家人团圆；谢谢我的家人（3）；爱动物的家人；家人最重要
	对工作的描述	10	18	我有一份稳定的工作；我的工作是一名兽医；我有一个工作室；我的工作就是唱歌；我平时工作太忙了
	对生活的描述	6	19	我喜欢在生活中找音乐；生活就是音乐，音乐就是生活；是最真实的生活
	对压力的描述	6	10	能承受这种压力；带来太多压力（4）
	对艰难的描述	0	0	
	对困难的描述	1	1	无论多困难都要走下去
	对生命的描述	6	9	她是我生命中的天使
	对加油的描述	13	135	加油
	对美女的描述	0	0	

　　从表 5-7 的分析结果来看，对比之前，两档节目对"选手形象"的描述区分度不是很高。主要表现在《中国新歌声》强调忘记唱歌技巧，推崇"此时无声胜有声"的境界，《中国好声音》则会肯定唱功了得；《中国新歌声》对朋友和家人的描述比重增加，强调了社会关系对自身的影响，而且以正面影响为主；《中国新歌声》中"对加油的描述"频次增加很多，从中可以看出节目营造的氛围更加积极向上，一定程度上削弱了比赛带来的紧张情绪。

第五节 与情感相关描述的新表现

表 5-8 《中国新歌声》在节目过程中对情感表达的编码结果列表

节点	子节点	出现的样本数（N＝13）	具体内容出现次数	编码示例
节目过程中的情感表达	对感动的描述	12	32	我真的好感动
	对成功的描述	8	10	你成功了
	对高兴的描述	3	3	很高兴
	对后悔的描述	3	4	我干吗后悔
	对激动的描述	8	20	很激动
	对紧张的描述	13	69	我很紧张
	对压力的描述	6	10	我真的蛮有压力
	对开心的描述	13	90	我今天特别开心
	对哭的描述	11	36	要哭了
	对快乐的描述	6	13	中秋节快乐；生日快乐；很快乐地做音乐
	对命运的描述	1	1	决定命运的时刻
	对喜欢的描述	13	199	我喜欢唱歌，喜欢音乐
	对兴奋的描述	9	14	我真的挺兴奋的
	对拥抱的描述	5	15	先拥抱
	对幸福的描述	8	21	我觉得自己很幸福
	对遗憾的描述	6	10	我已经没有遗憾了；我还是有一些遗憾

从统计结果来看，《中国新歌声》中频次增加比较明显的是"对紧张的描述"和"对开心的描述"。紧张出现的概率这么高，说明选手们比较重视比赛并且直面比赛，也能够较直观地表达内心真实的声音，而开心也恰恰是紧张之后的一种松弛带来的直接表现。《中国新歌声》和《中国好声音》

中"对喜欢的描述"频次都是最高的,《中国新歌声》中"对喜欢的描述"频次也有所增加,可见选手在对音乐理解上还是比较一致的,没有热爱就没有坚持,没有喜欢就没有付出。

以上列出的主要是一些数据的分析。总体上来说,《中国新歌声》和《中国好声音》在叙事表现上区分度不是很大;从结果来看,《中国新歌声》呈现的方式更加符合舞台的要求,真人秀中人为加工的痕迹进一步弱化,把空间留给学员和导师,让他们有更多自由发挥的空间。在真人秀节目百花争艳的舞台上,《中国新歌声》看上去还似一枝独秀,实则已经潜藏一定危机,从学员的多样性、内容的创新性、形式的可看性以及话语的力量等方面,还有很多功课要做。

结　语

罗曼·罗兰说,艺术正如生活那样,它是无穷无尽的。世界在音乐中得到了完整的再现和表达。门德尔松说,在真正的音乐中,充满了千万种心灵的感受,胜过歌词的表达。贝多芬说,音乐是比一切智慧、一切哲学更高的启示,谁能参透音乐的意义,谁便能超脱寻常人无以自拔的苦难和乐趣。柏拉图说,最好的音乐,是能够使最优秀、最有教养的人快乐。音乐可以连结你我,是通往世界的语言,它无关信仰、国别和文化,它关乎兴趣、动听和感动。

2016 年上映的动画片《欢乐好声音》,该片堪称动物界的"达人秀"和"好声音",片中用到超过 85 首热门歌曲。除了片中的音乐非常出色之外,几位主要人物也都很吸引人,影片中虽没有复杂的情节和结构,但立体欢腾的人物、场景设计让我们眼前一亮。不管是考拉经理还是参赛者,他们都像生活中的小人物,为柴米油盐奔忙,不管处境如何,都积极地想办法摆脱困境,投入火热的生活之中。他们真实有趣,特别是剧院老板巴斯特,他是考拉经理,面对银行催款会躲避逃跑,面对 10 万美元的奖金谎言会选择继续比赛,为了打动艾迪奶奶筹到款项,不惜拆掉自己房子的玻璃以及借用公共设施等。这些有些不合常理或是有违道德准则的行为,在考拉为了继续圆自己的剧院梦时,反而显得有些可爱。

　　考拉经理在很小的时候第一次上剧院听歌剧就爱上了这里，在心中种下了梦想种子。剧院曾经辉煌红火，但现在门庭冷落，并被银行催债。为了重振剧院，也为了剧院不被银行查封，考拉经理决定举办一场歌唱大赛，冠军奖金戏剧性地标为 10 万美元，吸引了大多数热爱唱歌的动物们的参与，而事实上奖金池的箱子里只有 1000 美元。

　　刚开始考拉像是抓住了"歌唱比赛"这最后的一根救命稻草，还充满期望希望凭借比赛翻身，在米娜不敢登台唱歌时说劝说的是"你只管唱就是了，只要做自己喜欢的事就不应该害怕，何况还是自己最拿手的，你是发自内心地喜欢唱歌吗？如果是的你就面对它。我爸爸经常说千万不要因为害怕就放弃你喜欢的事情"。但后来大水冲垮剧院，翻身几近无望的时候，考拉说的是"我怕我就是上面写的这种货色，一辈子碌碌无为，辜负了父亲对我的期望。我们心里都明白，我们没有成功的潜力"。这个时候反而是米娜反过来劝说他不要轻易放弃。我们都知道，屡战屡败却屡败屡战的才是人生真正的强者，一个人拼尽全力但还要面临失败结局，气馁失落可想而知，大多数碌碌无为者都是怕失败不敢尝试，从开始就失了先机，影片传达的也是一种天无绝人之路的坚持，人生的低谷随时可能出现，从低谷往上走需要的力量很有价值，最后的临门一脚无论如何都应该努力开启。

　　歌唱大赛初赛后选出了 5 名决赛选手，也就是本片中除了考拉经理外的主要角色，这些角色形象各异，有些很生动立体，就像身边的我们自己——

　　猪妈妈罗茜塔，她年轻时一直有音乐梦想，后来生了一窝 25 只猪仔，然后就忙于家庭琐事，照顾孩子和老公，唱歌只是生活中偶尔的调剂品。经济上的压力和高额的奖金激发了猪妈参赛的热情，并在初选后和另外一位猪先生组成新的组合为决赛准备。片中打动我的是猪妈妈在准备决赛歌曲的过程中要跳舞,刚开始她觉得自己老了不敢跳也跳不动了,但她在一次超市购物的过程中,听到带感的背景音乐的时候,她的天性之门打开了,她随着音乐翩翩起舞,找回了年轻时的自信和对音乐的感觉。这就像现实生活中大多数的家庭主妇,成天围绕着孩子转,以孩子为中心,失去了自我,丢掉了兴趣,在乏善可陈的生活中日复一日,突然有一天重新发现了自己的闪光点,而且是从战战兢兢、跃跃欲试到大胆表现、放飞自我,通过音乐解放自我。

少女豪猪艾什和男友建立了一个庞克摇滚乐队,但男友总是打击她,让她觉得自己没有音乐才华,特别是进入决赛后她发现男友移情别恋,伤心的同时缺乏继续歌唱的勇气,考拉经理鼓励她,让她重新用音乐渡过难关,找回重生的勇气。爱情、友情是永恒的话题,男友对女友才华的不尊重和打击没有让艾什清醒过来,直到第三者的出现才发现原来自己在男友的眼里并不是唯一,伤心之余以音乐疗伤,通过音乐自我疗愈。

老鼠歌手麦克,他天生嗓音动人,但自视甚高,为人刻薄,欠款躲债,在街头卖唱,不讨人喜欢,但在音乐中的忘情投入,让他也具有了"坏人"之外的独特魅力。麦克刚开始发现奖金是假的后就放弃了继续比赛,后来在看到大屏幕的实时直播中别人的演出被肯定时,激发出了求胜欲,重新回到舞台忘情高歌一曲。从侧面诠释了考拉经理说的"在废墟上重建舞台,忘我地演出,不是为了奖金,只为了自己",演出了一名性格不那么讨喜的选手在歌唱面前可以暂时忘却那个小我,事实上他也是囿于物质缺乏而要"讨生活"的小人物的典型代表,既自卑又自大,想冲破现状又缺乏一往无前的勇气,更需要贵人和机遇来垂青。生活中很多歌者并不是完人,他们通过音乐来谋生,一方面是在其他的工作岗位上没有更合适的位置,另一方面也是有音乐的天赋或者喜爱音乐。这有点像专业选手置身酒吧、地下乐队或是音乐院校等,虽有良好的先天条件,却苦于没有好的平台和伯乐的发现,因此,需要通过歌唱比赛来证明自己的实力,实现人生新的飞跃,通过音乐来谋生。

小象米纳胆子很小,有舞台恐惧症,自己喜欢听歌练歌,但从不敢在人前唱歌,在考拉经理的鼓励下,终于在决赛的舞台上一展歌喉,一鸣惊人。同时她也是考拉经理在经历剧场被毁,感到前途无望、一蹶不振的时候,站到剧场废墟上唱歌的那个人,这点燃了考拉经理继续完成理想的内心火焰,在剧场废墟上办起了一场史无前例的歌唱比赛,吸引了越来越多的观众前来观看比赛,并最终完成了重建剧院的壮举。"如果你想克服心中的恐惧,就勇敢地大声唱出来。"经过了最后登台前的挣扎,米纳完成了从灰姑娘到公主的完美转变。如果现实生活中的"好声音"决选,米纳会是冠军的有力争夺者,因为她纯粹,没有什么缺点,只是单纯热爱唱歌,天生具备别人梦寐以求的好嗓音,只需要通过音乐激发勇气。

年轻大猩猩强尼摆脱不了父亲是黑帮成员的事实,但他时时想突破,虽不愿子承父业但又无可奈何,直到参加了唱歌比赛,找到了自己真正热爱的事业和奋斗目标。为了参加比赛,他错过了去接正在作案的父亲及其同伙的时机,使得他们入狱,这令他有一些迷茫但很快重新振作。如果是在现实生活中,强尼因其背景估计就会被淘汰掉,但电影毕竟是电影,强尼这个人设有他独特的魅力。他本性善良,无奈无法改变出身,他不愿去做违法的事情,但惧怕父亲威严,唱歌是他的心灵港湾,也是最后的诗意家园,他通过音乐自我救赎。

这部电影虽然和现实中的《中国好声音》赛制、模式相去甚远,但它所表达的对音乐的致敬、对生活的热爱却值得我们深思,在现实"好声音"舞台上,或者说在"好声音"的未来之路上,你是选择为专业歌手代言还是真正挖掘民间的好声音,你是鼓励用音乐来谋生还是用音乐来激发新的力量,你是助推歌手之路还是点燃普通人的星星之火,选手在做选择的时候可以回过头来看看这部《欢乐好声音》，看看它是凭借什么打动了我们，触动了我们心底那根久违的柔软神经，也许很多时候我们忘却了如何打破生活的惯性，直到遇到了"燃点"。

回过头来看本研究的主要设计思路，聚焦于中美"好声音"的叙事伦理比较研究，提出一个研究的基本假设：真人秀节目中的伦理价值可以通过更好的更真诚的叙事来呈现。在整个研究的开展过程中紧扣"好声音"作为大型励志音乐评论类真人秀节目的自身特点和受众反馈，在叙事伦理分析的大前提下主要聚焦中美"好声音"节目本身、围绕其产生的有重大影响力的事件或引起广泛讨论的话题为探讨范畴并兼顾其他。本选题的研究问题主要聚焦在以下几个方面：第一，我们应该如何对"好声音"这样的真人秀节目进行伦理判断、伦理价值的讨论并建构伦理理想；第二，"好声音"的传播过程中有哪些正面声音和负面声音；第三，通过对中美"好声音"故事伦理的比较分析会有哪些研究发现；第四，通过对中美"好声音"叙述伦理的比较分析会有哪些研究发现。

针对后两个问题，研究通过质性分析软件 Nvivo10.0 来进行内容比较分析，并进一步提出以下问题：第一，中美"好声音"对选手的选择除了声音之外会不会有其他侧重点？节目是如何介绍或是呈现选手的，选手的故事类型有哪些？其中可以产生哪些伦理意涵？第二，导师们对音乐和声音的理解和态度直接决定了他们的喜好，这个喜好在节目中是如何表现的？一般的受众能否接受这种表达？其中可以产生哪些伦理讨论？第三，选手对"梦想""成功""比赛""生活"等态度和价值观是怎么样的？节目是如何叙事的？其中体现出什么样的审美取向和伦理取向？第四，节目经过层层把关，从现场录制到后期剪辑，不同的阶段体现出不同的制作理念，面对失败或是失利，导师们是如何体现关怀伦理的？第五，中美"好声音"在叙事上的异同主要表现在哪些方面？

　　针对研究假设和研究问题,通过使用不同的分析方法和理论架构,得出不同的结论,在各个章节都已经做了较为细致的说明,这里在从总体上做一简单的概括。从总体上来说,《中国好声音》主要注重语言的包装和系统化运用,包括提问的环节设计,存在模式化和流程化倾向,效果是对话和进程比较可控,也比较能够得到预期的效果,不足之处在于缺少"意外"和"惊喜",给人的感觉稍显正统而有失活泼;在对故事的讲述中,有意忽略选手个人的故事性而令节目本身的大故事框架即梦想叙事的最大化,但同时为了提高收视率和影响力,又在节目的外围通过不同的媒体设置故事传播的话题点和价值点,引发舆论争议,受众反过来形成质疑眼光看待"好声音"对选手形象的塑造,一定程度上失去了通过节目本身来解释的主动权。

　　《中国新歌声》在模式上做了一定创新,从分析结果来看内容创新还有待加强,比赛增加了专业类选手,减少了素人选手,一定程度上也弱化了选手故事性的挖掘空间,在故事性减弱的前提下,加上导师们的思维模式经过多季参与也受到一定局限,节目的可变性和可看性削弱;还可以看出导师和学员对音乐的理解和态度相较《中国好声音》也没有太多新的突破。节目惯性发展的桎梏、真人秀节目竞争的加剧、观众的审美疲劳,都在告诉我们《中国新歌声》的发展空间要重叙事构建,从叙事伦理思维入手不乏是一种策略。

　　《美国好声音》则更注重发挥节目参与者个人的创造力,约束相对较少,参与者们可以更加"放肆",表现力更丰富,语言更有动感,整体的感染力增强;对选手故事的设计和挖掘较为充分,故事类型多样化,选手形象跃然纸上;保持对普通人生存境况的关注,通过与追逐音乐道路的联系,道出了音乐之路的艰难和不易,同时呈现坚持和勇气对人生的意义;在故事讲述中平铺直叙的表述方式减弱了煽情的感知,表现出节目自主的风格,叙事技巧和内容融会贯通,对故事的叙述更多是基于社会文化的编码,还有既定的语境。

　　在伦理意味上两者都追寻节目的传播伦理。如果在真人秀的价值序列中进行排位,《中国好声音》侧重温情、秩序和他者关注视角,《美国好声音》则侧重真诚、开放和自我关注视角。不管是故事还是话语,真诚的价值都被"好声音"主办方所重视,重点在对真诚的理解和运用。真诚是人格形容词,代表真实、真挚、真切、诚恳、诚实和坦诚,通过真心实意、坦诚相待,可以从心底感动他人来获得他人的信任。对节目制作者来说,如何用更好更真诚的叙事方式来制作节目是现实的命题,因为好的叙事需要脚本、技巧、编排和设计,节目的真诚表达需要较多的元素,对真诚的理解需要群策群力,节目制作的专业主义精神需要传达,团队协作过程的执行力需要管理,节目标准需要规划。凡此种种,一定程度上回应了真人秀节目中的伦理价值可以通过更好更真诚的叙事来呈现的假设,关键在节目制作者对叙事的重视和对伦理价值的呵护。

　　本研究的研究局限主要表现在:一是对《美国好声音》研究资料的缺乏,导致对其文本的判断有较多主观化色彩;二是研究文字样本收集过程中由于耗费大量时间和精力,削弱了对视频样本的系统考察和分析;三是由于学识有限,对叙事伦理与伦理学的结合方面尚缺乏学理性的梳理,对伦理认知和探讨有待进一步深入的研究;四是通过研究个案来看待真人秀的整体发展方面,本研究没有就此展开,期待有机会再做进一步的整理和考证。

参 考 文 献

[1] 约翰・C.雷纳德.传播研究方法导论[M].3版.李本乾,等,译.北京：中国人民大学出版社,2008.

[2] 斯蒂文・小约翰.传播理论[M].陈德民,等,译.北京：中国社会科学出版社,1999.

[3] 斯蒂芬・李特约翰.人类传播理论[M].9版.北京：清华大学出版社,2009.

[4] 理查德・韦斯特,林恩・H.特纳.传播理论导引:分析与应用[M].刘海龙,译.北京：中国人民大学出版社,2007.

[5] 马歇尔・麦克卢汉.理解媒介[M].何道宽,译.北京：商务印书馆,2000.

[6] 罗伯特・艾伦.重组话语频道——电视与当代批评理论[M].2版.牟玲,译.北京：北京大学出版社,2008.

[7] 马克・波斯特.第二媒介时代[M].范静,译.南京：南京大学出版社,2005.

[8] 戴维・斯沃茨.文化与权力——布尔迪厄的社会学[M].陶东风,译.上海：上海世纪出版集团,2012.

[9] 斯坦利・J.巴伦.大众传播概论:媒介认知与文化[M].3版.刘鸿英,译.北京：中国人民大学出版社,2005.

［10］道德拉斯·凯尔纳.媒体文化:介于现代与后现代之间的文化研究认同性与政治［M］.丁宁,译.北京:商务印书馆,2004.

［11］阿瑟·阿萨·伯格.通俗文化、媒介和日常生活中的叙事［M］.姚媛,译.南京:南京大学出版社,2006.

［12］尼克·史蒂文森.认识媒介文化:社会理论与大众传播［M］.王文斌,译.北京:商务印书馆,2013.

［13］约翰·菲斯克.电视文化［M］.祁阿红,张鲲,译.北京:商务印书馆,2010.

［14］雷蒙·威廉斯.文化与社会［M］.高晓玲,译.长春:吉林出版集团有限责任公司,2011.

［15］麦克罗比.文化研究的用途［M］.李庆本,译.北京:北京大学出版社,2007.

［16］欧文·戈夫曼.日常生活中的自我呈现［M］.冯钢,译.北京:北京大学出版社,2008.

［17］阿格妮丝·赫勒.日常生活［M］.衣俊卿,译.哈尔滨:黑龙江大学出版社,2010.

［18］索尼娅·利文斯通.理解电视——受众解读的心理学［M］.龙耘,译.北京:新华出版社,2006.

［19］约瑟夫·斯特劳哈尔.今日媒介:理解媒介、文化与技术［M］.4版.北京:清华大学出版社,2004.

［20］阿芒·马特拉.世界传播与文化霸权［M］.陈卫星,译.北京:中央编译出版社,2005.

［21］约翰·哈特利.文化研究简史［M］.季广茂,译.北京:金城出版社,2008.

［22］哈罗德·L.沃格尔.娱乐产业经济学［M］.支庭荣,陈致中,译.北京:中国人民大学出版社,2013.

[23] 米切尔·J.沃尔夫.娱乐经济:传媒力量优化生活[M].黄光伟,邓盛华,译.北京:光明日报出版社,2001.

[24] 菲利普·帕特森,李·威尔金斯.媒介伦理学:问题与案例[M].李青藜,译.北京:中国人民大学出版社,2006.

[25] 克利福德·G.克里斯琴斯,马克·法克勒,等.媒体伦理学:案例与道德推理[M].孙有中,等,译.北京:中国人民大学出版社,2014.

[26] 西摩·查特曼.故事与话语:小说和电影的叙事结构[M].徐强,译.北京:中国人民大学出版社,2013.

[27] 杰拉德·普林斯.叙事学:叙事的形式与功能[M].徐强,译.北京:中国人民大学出版社,2013.

[28] 鲍里斯·格罗伊斯.揣测与媒介:媒介现象学[M].张芸,刘振英,译.南京:南京大学出版社,2014.

[29] 阿瑟·伯格著.理解媒介:媒介与文化研究的关键文本[M].秦洁,译.北京:清华大学出版社,2013.

[30] 尤尔根·哈贝马斯.对话伦理学与真理的问题[M].沈清楷,译.北京:中国人民大学出版社,2005.

[31] 阿瑟·丹图.叙述与认识[M].周建漳,译.上海:上海译文出版社,2007.

[32] 朱莉亚·K.孟久丽.道德镜鉴:中国叙述性图画与儒家意识形态[M].何前,译.上海:生活·读书·新知三联书店,2014.

[33] 休·拉福莱特.伦理学理论[M].龚群主,译.北京:中国人民大学出版社,2008.

[34] 雅克·蒂洛,基思·克拉斯曼.伦理学与生活[M].程立显,刘建,等,译.北京:世界图书出版公司,2008.

[35] 托德·莱肯.造就道德:伦理学理论的实用主义重构[M].陶秀璈,

等,译.北京:北京大学出版社,2010.

[36] 查理斯·李斯勒·史蒂文森.伦理学与语言[M].姚新中,秦志华,译. 北京:中国社会科学出版社,1997.

[37] 马克·柯里.后现代叙事理论[M].定一中,译.北京:北京大学出版社,2003.

[38] 尼克·史蒂文森.媒介的转型:全球化、道德和伦理[M].顾宜凡,等,译.北京:北京大学出版社,2006.

[39] 安奈特·希尔.流行真人秀:真实电视节目受众的定性与定量研究[M].赵彦华,译.北京:中国国际广播出版社,2008.

[40] 费希特.伦理学体系[M].梁志学,李理,译.北京:商务印书馆,2009.

[41] 格雷姆·特纳.普通人与媒介:民众化转向[M].许静,译.北京:北京大学出版社,2011.

[42] 阿瑟·伯格.媒介分析技巧[M].李德刚,译.北京:清华大学出版社,2011.

[43] 简·斯托克斯.媒介与文化研究方法[M].黄红宇,曾妮,译.上海:复旦大学出版社,2006.

[44] 丹尼尔·戴扬,伊来休·卡茨.媒介事件:历史的现场直播[M].麻争旗,译.北京:北京广播学院出版社,2000.

[45] 阿瑟·阿萨·伯杰.媒介研究技巧[M].张晶,易正林,译.北京:中国人民大学出版社,2009.

[46] 罗杰·菲德勒.媒介形态变化——认识新媒介[M].明安香,译.北京:华夏出版社,2000.

[47] 尼尔·波兹曼.娱乐至死:童年的消逝[M].章艳,吴燕莛,译.桂林:广西师范大学出版社,2009.

[48] 尼克·史蒂文森.认识媒介文化——社会理论与大众传播[M].王

文斌,译.北京:商务印书馆,2001.

[49] 皮埃尔·布尔迪厄.关于电视[M].许钧,译.沈阳:辽宁教育出版社,2000.

[50] 让·鲍德里亚.消费社会[M].刘成富,等,译.南京:南京大学出版社,2008.

[51] 赖特·C.米尔斯.社会学的想象力[M].陈强,张永强,译.上海:三联书店,2012.

[52] 卡伦·霍尼.我们内心的冲突[M].王作虹,译.南京:凤凰传媒出版集团,译林出版社,2011.

[53] 米歇尔·福柯.主体解释学[M].余碧平,译.上海:上海人民出版社,2010.

[54] 尤尔根·哈贝马斯.合法化危机[M].刘北成,曹卫东,译.上海:上海世纪出版集团,2009.

[55] S.N.艾森斯塔特.反思现代性[M].旷新,王爱松,译.上海:生活·读书·新知三联书店,2006.

[56] 杰拉德·德兰蒂.现代性与后现代性:知识,权力与自我[M].李瑞华,译.北京:商务印书馆,2012.

[57] 尼古拉·埃尔潘.消费社会学[M].孙沛东,译.北京:社会科学文献出版社,2005.

[58] 路易斯·阿尔文·戴.媒介传播伦理(案例与争论)[M].4版.北京:北京大学出版社,2004.

[59] 菲利普·帕特森,等.媒介伦理学(问题与案例)[M].4版.北京:中国人民大学出版社,2006.

[60] 马克斯·韦伯.新教伦理与资本主义精神[M].阎克文,译.上海:上海人民出版社,2010.

[61] 克劳德-让·贝特朗.媒体职业道德规范与责任体系[M].宋建新，译.北京：商务印书馆，2006.

[62] 戴维·英格利斯.文化与日常生活[M].张秋月，等，译.北京：中央编译出版社，2010.

[63] 本·海默尔.日常生活与文化理论导论[M].北京：商务印书馆，2008.

[64] 阿尔布雷希特·韦尔默.伦理学与对话：康德和对话伦理学中的道德判断要素[M].上海：上海译文出版社，2013.

[65] 陈卫星.传播的观念[M].北京：人民出版社，2004.

[66] 徐小丽.传媒消费文化景观[M].北京：人民出版社，2010.

[67] 文长辉.媒介消费学[M].北京：中国传媒大学出版社，2007.

[68] 徐行言.中西文化比较[M].北京：北京大学出版社，2008.

[69] 国家广播电影电视总局发展研究中心.国外广播影视体制比较研究[M].北京：中国国际广播出版社，2008.

[70] 陈默.媒介文化——互动传播新环境[M].北京：北京师范大学出版社，2010.

[71] 赵勇.大众媒介与文化变迁：中国当代媒介文化的散点透视[M].北京：北京大学出版社，2010.

[72] 潘知常.大众媒介与大众文化[M].上海：上海人民出版社，2002.

[73] 周宪.文化表征与文化研究[M].北京：北京大学出版社，2007.

[74] 黄学建.中国电视娱乐文化批评[M].北京：中国传媒大学出版社，2010.

[75] 蒋原伦.媒介文化十二讲[M].北京：北京大学出版社，2010.

[76] 蒋晓丽.奇观与全景——传媒文化新论[M].北京：中国社会科学出版社，2010.

[77] 段鹏.社会化的狂欢：台湾电视娱乐节目研究[M].北京：中国传媒大学出版社，2013.

［78］鲍海波.媒介文化的阐释与批判［M］.北京：中国社会科学出版
社，2009.

［79］陈力丹.艰难的新闻自律——我国新闻职业规范的田野观察/深度
访谈/理论分析［M］.北京：人民日报出版社，2010.

［80］孟威.媒介伦理的道德论据［M］.北京：经济管理出版社，2012.

［81］陈绚.新闻道德与法规——对媒介行为规范的思考［M］.北京：中国
大百科全书出版社，2005.

［82］范明献.困境与抉择——转型期新闻从业者道德难题研究［M］.长
沙：中南大学出版社，2011.

［83］尹鸿，冉儒学，陆虹.娱乐旋风：认识电视真人秀［M］.北京：中国广
播电视出版社，2006.

［84］陈朝华.娱乐30：那些有分量的快乐［M］.桂林：漓江出版社，2009.

［85］蓝爱国.好莱坞制造：娱乐艺术的力量［M］.银川：宁夏人民出版
社，2007.

［86］周志强.阐释中国的方式：媒介裂变时代的文化景观［M］.北京：中
国电影出版社，2013.

［87］王颖吉.媒介的暗面：数字时代的媒介文化批评［M］.北京：北京大
学出版社，2013.

［88］彭增军.媒介内容分析法［M］.北京：中国人民大学出版社，2012.

［89］杨效宏.媒介话语：现代传播中的个体呈现［M］.成都：四川大学出
版社，2007.

［90］孙发友.新闻文本与文化生态：媒介话语的框架性解读［M］.北京：
人民出版社，2009.

［91］洪艳.影像存在的伦理批评［M］.北京：人民出版社，2011.

［92］胡正荣，朱虹.外国电视名牌栏目［M］.北京：红旗出版社，2011.

［93］苗棣,毕啸南.解密真人秀——规则、模式与创作技巧［M］.北京:中国影视出版社,2015.

［94］翟杉.仪式的传播力:电视媒介仪式研究［M］.北京:中国传媒大学出版社,2014.

［95］唐伟胜.文本·语境·读者:当代美国叙事理论研究［M］.北京:世界图书出版公司,2013.

［96］肖锋.媒介融合与叙事修辞［M］.北京:中国传媒大学出版社,2012.

［97］李炜.中国大众文化叙事研究［M］.武汉:华中师范大学出版社,2010.

［98］王群.电影叙事范式与文化语境［M］.北京:中国电影出版社,2011.

［99］郝朴宁,李丽芳.影像叙事论［M］.昆明:云南大学出版社,2007.

［100］尹兴.影视叙事学研究［M］.成都:四川大学出版社,2011.

［101］宋家玲.影视叙事学［M］.北京:中国传媒大学出版社,2007.

［102］伍茂国.从叙事走向伦理:叙事伦理理论与实践［M］.北京:新华出版社,2013.

［103］谭君强.叙事学导论:从经典叙事学到后经典叙事学［M］.北京:高等教育出版社,2008.

［104］罗哲宇.伦理重建与当代北京:中国新闻报道［M］.北京:中国传媒大学出版社,2012.

［105］李立.伦理与审美:后现代语境下的追寻与反思［M］.北京:中国社会科学出版社,2013.

［106］刘利群,傅宁.美国电视节目形态［M］.北京:中国传媒大学出版社,2008.

［107］张绍刚.全球金牌电视节目解析［M］.北京:北京大学出版社,2011.

［108］阚乃庆,谢来.最新欧美电视节目模式［M］.北京:中国广播电视出版社,2008.

［109］陆生.走进美国电视［M］.上海：复旦大学出版社，2007.

［110］谢耘耕，陈虹.真人秀节目：理论、形态和创新［M］.上海：复旦大学出版社，2007.

［111］衣若芬.观看·叙述·审美［M］.台北：台湾"中央研究院中国文哲研究所"，2005.

［112］于德山.中国图像叙述传播［M］.济南：山东文艺出版社，2008.

［113］汤莉萍.影像叙述现实：网络视频新媒体播客传播研究［M］.成都：四川大学出版社，2012.

［114］谭君强.叙事学导论：从经典叙事学到后经典叙事学［M］.北京：高等教育出版社，2008.

［115］谭君强.叙事理论与审美文化［M］.北京：中国社会科学出版社，2002.

［116］谢静国.中国大陆消费社会的影像叙事［M］.台北：秀威资讯科技股份有限公司，2006.

［117］伍茂国.现代小说叙事伦理［M］.北京：新华出版社，2008.

［118］谭君强.审美文化叙事学：理论与实践［M］.北京：中国社会科学出版社，2011.

［119］马小龙套.好声音：草根的音乐梦［M］.北京：中国广播电视出版社，2012.

［120］浙江卫视《中国好声音》栏目组.乐动梦想：中国好声音梦想故事［M］.北京：中国人民大学出版社，2013.

［121］史学东.电视大片的真相：解码《中国好声音》&《中国达人秀》［M］.上海：东方出版中心，2013.

［122］华少.梦想，不过是个痛快的决定［M］.长沙：湖南文艺出版社，2013.

［123］包智明.比较社会学［M］.北京：知识出版社，1995.

［124］阚乃庆，谢来.最新欧美电视节目模式［M］.北京：中国广播电视出

版社,2008.

[125] 孙惠柱.社会表演学[M].北京:商务印书馆,2009.

[126] 胡军良.哈贝马斯对话伦理学研究[M].北京:中国社会科学出版社,2010.

[127] 左稀.情感与认知——玛莎·纳斯鲍姆情感理论概述[J].道德与文明,2013(5):135-142.

[128] 胡军良.哈贝马斯对话伦理学之"普遍化原则"的四重学理性追问[J].内蒙古社会科学(汉文版),2009,30(3):79-84.

[129] Hill Annette. Reality TV: Audiences and Popular Factual Television [M]. London and New York: Routledge,2005.

[130] David S. Escoffery. How Real is Reality TV?: Essays on Representation and Truth[M]. Ashe County: McFarland & Co Inc,2006.

[131] Jennifer L P. Reality Bites Back: The Troubling Truth About Guilty Pleasure TV[M]. Berkeley: Seal Press,2010.

[132] Kristie Bunton, Wendy N. Wyatt. The Ethics of Reality TV: A Philosophical Examination [M]. New York: Continuum Publishing Corporation,2012.

[133] Laurie Ouellette, Susan Murray. Reality TV: Remaking Television Culture[M]. New York: New York University Press,2004.

[134] Robert Thirkell. CONFLICT-the Insiders' Guide to Storytelling in Factual/reality TV & Film: The C. O. N. F. L. I. C. T Toolkit for TV and Film Producers [M]. London: Bloomsbury Publishing PLC,2010.

[135] Mark Andrejevic. Reality TV: The Work of Being Watched[M]. Maryland: Rowman & Littlefield Publishers,2003.

[136] Michael Essany. Reality Check: The Business and Art of Producing Reality TV[M]. Waltham: Focal Press, 2008.

[137] Leigh H. Edwards. The Triumph of Reality TV: The Revolution in American Television[M]. Santa Barbara: Praeger, 2013.

[138] Annette Hill. Reality TV: Factual Entertainment and Television Audiences[M]. London and New York: Routledge, 2005.

[139] Julie Anne Taddeo. The Tube Has Spoken: Reality TV and History [M]. Kentucky: University Press of Kentucky, 2010.

[140] Kaelyn Smith. Reality TV: The Shows of America's Latest TV Trend[M]. Webster's Digital Services, 2011.

[141] Dr. Oh. Be the Next Singing Sensation: Everything You Need to Win a Contest on Reality TV and Launch Your Music Caree[EB/OL]. Lulu. com, 2007.

[142] Sandra Burkhardtom, Burkhard Making. Reality TV a Reality: Tips and Tricks to Getting on Your Favorite Reality TV and Game Show! [R]. Createspace Independent Publishing Platform, 2009.

[143] Geoff King. The Spectacle of the Real: From Hollywood to Reality TV and Beyond[M]. Chicago: *Intellect Books*, 2005.

[144] Anita Biressi, Heather Nunn. Reality TV: Realism and Revelation [M]. London, UK: Wallflower Press, 2004.

[145] Annette Hill. Restyling Factual TV: Audiences and News, Documentary and Reality Genres[M]. London and New York: Routledge, 2006.

[146] Su Holmes, Deborah Jermyn. Understanding Reality Television [M]. London and New York: Routledge, 2003.

[147] Richard Rushfield. American Idol: The Untold Story[M]. New

York：Hachette Books，2011.

［148］Bill Brioux. Truth and Rumors：The Reality Behind TV's Most Famous Myths［M］. Santa Barbara：Praeger，2007.

［149］Sam Brenton，Reuben Cohen. Shooting People：Adventures in Reality TV［M］. London：Verso，2003.

［150］Jennifer L. Pozner. Reality Bites Back：The Troubling Truth About Guilty Pleasure TV［M］. Berkeley：Seal Press，2010.

［151］Marwan M. Kraidy，Katherine Sender，Barbie Zelizer. The Politics of Reality Television：Global Perspectives［M］. London and New York：Routledge，2010.

［152］Biressi，Anita and Heather Nunn. Reality TV：Realism and Revelation ［M］. London，UK：Wallflower Press，2005.